CHRISTINE McCARTHY

Business Englisch

Souverän in Gespräch und Anschreiben

Inhalt

Form-vollendet schriftlich kommunizieren

Meetings, Konferenzen und Präsentationen

Before everything else,
getting ready
is the secret of success.

[Henry Ford | *amerikanischer Industrieller, 1863–1947*]

Vorwort

Liebe Leserin, lieber Leser,

in unserer zunehmend globalisierten Welt werden gute Englisch-Kenntnisse im Job immer wichtiger. Dieses Buch ist ein praktischer Ratgeber für alle, die im Job mit englischsprachigen Geschäftspartnern und Kunden zu tun haben – und zwar sowohl für Einsteiger mit Basiswissen als auch für Fortgeschrittene.

Textbausteine, Mustersätze und -briefe sowie Wissenswertes über die britischen und amerikanischen Geschäftsgepflogenheiten werden Ihnen den Büroalltag erleichtern. In kurzweiligen Übungen können Sie sofort aktiv das Gelernte überprüfen.

Die Unterschiede zwischen britischem (UK) und amerikanischem (US) Englisch (verschiedene Vokabeln/Schreibweisen) sind jeweils hervorgehoben; auch ländertypische Besonderheiten sind mit diesen beiden Kürzeln gekennzeichnet.

Viel Spaß beim Lesen und Lernen wünscht Ihnen

Ihre Christine McCarthy

Englisch von Mensch zu Mensch

1

→ Auf Messen, bei Meetings international tätiger Firmen, ja sogar bei der Hotelreservierung im Ausland sind sie schon gefragt, die Business Englisch-Kenntnisse. Doch wie steigt man in ein englisches Gespräch ein? In diesem Kapitel finden Sie neben Formulierungen und Vokabeln für den Büroalltag alles, was Sie benötigen, um sich, Ihre Firma und Ihre Position zu beschreiben.

Sich kennen lernen ...

Eigentlich könnten Sie sich über jede Gelegenheit freuen, Ihr Englisch zu erproben, denn zu keinem anderen Zeitpunkt tauchen wir schneller und intensiver in eine Sprache ein als im direkten Gespräch mit einem Muttersprachler. Aber die Bedenken sind natürlich groß, da den meisten die Übung fehlt: Was sage ich bloß, wenn ...? Muss ich zum Beispiel mit einem Briten nicht sehr förmlich sprechen? Und wo lauern die berühmten Fettnäpfchen? Der folgende kurze Überblick macht Sie mit den Business-Gepflogenheiten der wichtigsten englischsprachigen Länder vertraut.

Kleiner Kulturen-Crashkurs

Den Briten wird nachgesagt, sie seien bei der ersten geschäftlichen Begegnung ein wenig reserviert. Amerikanische Geschäftspartner werden dagegen als offen und unkompliziert angesehen. Es ist zwar ratsam, Klischees zu vermeiden, dennoch gibt es einige Besonderheiten, die sich im Kommunikationsstil deutlich zeigen.

Großbritannien

Im Vereinigten Königreich gibt es selbstverständlich regionale Unterschiede, aber im Allgemeinen sind die **SCHOTTEN**, **WALISER**, **IREN** und **ENGLÄNDER** warmherzig und gelassen. Dies zeigt sich auch in ihrer Art zu kommunizieren. Das Klischee des zurückhaltenden, steifen, ein wenig archaischen Briten aus der Oberschicht passt nur auf eine sehr kleine, mehr oder weniger ausgestorbene Gruppe im Süden des Landes, deren Mitgliedern man kaum beruflich in einem interkulturellen Umfeld begegnet. Die Briten tendieren dazu, ihrem Gegenüber im Geschäftsleben mehr SYMPATHIE entgegenzubringen als dies bei den Deutschen der Fall ist. Besonnenheit und ein Gespür für gutes Benehmen – besser bekannt als FAIRPLAY – kommen in England immer noch gut an. Obwohl die Briten sicherlich einen ziel- und aufgabenorientierten Ansatz verfolgen, ist ihr Kommunikationsstil weniger bestimmt und von entwaffnender Gelassenheit (Winston Churchill hat sich zu Kommunikation »auf britisch« einmal wie folgt geäußert: »We never draw a line without blurring it.«). Dies zeigt sich im Schriftverkehr, bei Sitzungen, in ihrem Präsentationsstil und in ihrer Werbung, die immer noch Weltklasse hat.

Denken Sie daran, dass HUMOR unabhängig von sozialem Status oder regionaler Herkunft für die Briten ein kostbares Gut ist und befreiend wirkt. Außerdem hervorzuheben ist – insbesondere wenn man Amerikaner mit Briten vergleicht – der Hang der Briten zur Untertreibung (das berühmte britische »Understatement«).

Ein weiterer liebenswerter Zug, der allerdings bisweilen auch ziemlich frustrierend sein kann, ist eine gewisse Exzentrik der Briten, von so manchem auch als Engstirnigkeit ausgelegt. 22 Grad Celsius sind 72 Grad

England and America are two countries separated by the same language.

[George Bernhard Shaw | *irischer Dramatiker, 1856–1950*]

Fahrenheit, sie bestehen darauf links zu fahren, weigern sich das Pfund aufzugeben – alles um zu zeigen, dass sie ANDERS sind. Aber es ist auch gerade diese Exzentrik, die die Briten so charmant macht.

USA

Die relative Formlosigkeit (oder: Ungezwungenheit) und das halsbrecherische Tempo der US-amerikanischen Business-Kultur spiegeln sich auch in dem direkten und zielgerichteten Kommunikationsstil der Amerikaner wider. Ihm fehlt die oben beschriebene Unbestimmtheit des britischen Stils völlig. Während Briten ein verhaltenes Vorgehen und eine eloquente Sprache schätzen, sind amerikanische Geschäftspartner stolz darauf, dass sie so offen sind und gleich zur Sache kommen. Amerikaner führen den offensiven, individualistischen Ansatz des »Everything is possible«, der in geschäftlichen Angelegenheiten gepflegt wird, in ihrer Art zu reden konsequent fort.

In Amerika ist die Weitergabe und gemeinsame Nutzung von Informationen von grundlegender Bedeutung, um ständig auf dem neuesten Stand zu sein – »keep me in the loop«, wie die Amerikaner sagen. Fehler werden eher toleriert als in Deutschland, da sie als Bestandteil des Lernprozesses angesehen werden. Man handelt nach dem Motto eines Mitglieds der berühmten Kennedy-Familie: »Only those who dare to fail greatly can ever achieve greatly.« (Robert Kennedy)

Amerikanische Geschäftsleute sind im Wesentlichen einsprachig, und kultureller Sensibilität wird kein allzu großer Stellenwert beigemessen. Im Allgemeinen werden Sie Ihren amerikanischen Gesprächspartner FREUNDLICH, FORMLOS, LUSTIG und bisweilen etwas sarkastisch finden. Immer wieder ist zu hören, dass amerikanische Geschäftspartner Deutschen oberflächlich, uneffizient und manchmal sogar inkompetent erscheinen. In den USA ist der Begriff Freundschaft weit gefasst und hat viele Ebenen: Von einer Geschäftsfreundschaft wird nicht erwartet, dass sie in die Tiefe geht und Loyalität beinhaltet, es geht vielmehr um ein freundliches Miteinander. Es gibt keine deutliche Trennung zwischen »Freunden« und »Kollegen«. Bestimmend für die Amerikaner ist der Service-Gedanke – und guter Service heißt für einen Amerikaner: Man erledigt seine Geschäfte mit einem Lächeln, baut schnell freundschaftliche Beziehungen auf und investiert ein hohes Maß an Enthusiasmus.

Kanada

Kanada gehört zu den am stärksten MULTIKULTURELL geprägten Ländern der Erde. Über 42 Prozent der Bevölkerung sind anderen ethnischen Ursprungs als britisch oder französisch, mehr als 60 Sprachen werden gesprochen. Die Französisch sprechenden Einwohner Quebecs haben einen starken Einfluss auf Kultur und Wirtschaft; schon seit langem kämpfen sie um die Unabhängigkeit der Provinz.

Grundlage des kanadischen Führungsstils ist gesunder Menschenverstand, nicht aggressives, energisches Durchsetzen; so sind kanadische Firmen meist von flachen Hierarchien geprägt. Kanadier sind in Meetings OFFEN und FREUNDSCHAFTLICH. Sie möchten gern als international angesehen werden und freuen sich, wenn Sie ihre Besonderheit würdigen und sie von Amerikanern unterscheiden.

Australien

Australisches Englisch ist die sechstgrößte Variante des Englischen, und seine Bedeutung steigt parallel zu den ständig wachsenden Märkten in der Region Südasien. Die geografische Lage Australiens und die stetige Verbesserung der Telekommunikationsmöglichkeiten haben seine Städte zu attraktiven Standorten für die Asia-Pacific-Zentralen einiger weltweit agierender Konzerne gemacht.

Nichts verschafft einen besseren Einblick in die 200-jährige Entwicklung der australischen Gesellschaft und Kultur als die australische Sprache selbst. Australien ist das größte englischsprachige Land der südlichen

FALSE FRIEND

sympathetic/sympathy

Sie meinen: Er ist sehr ***sympatisch****. Sagen Sie nicht »He is* ***sympathetic****«, das bedeutet nämlich »mitfühlend«. Richtig würde es lauten: »He is a very* ***likeable*** *guy.«*
Ähnlich verhält es sich mit dem Wort ***sympathy****: Im Rahmen eines Meetings benutzt, insbesondere bei Briten, würde die Auskunft »I have some sympathy with your position, but I'm afraid we can't accommodate you here.« so viel bedeuten wie »Ich kann mich in Sie hineinversetzen.« (to empathize with), »Ich verstehe Ihren Standpunkt.«*

Hemisphäre. Australisch ist eine ORIGINELLE, HUMORVOLLE, junge und faszinierende Sprache. Die Ähnlichkeiten mit dem britischen Cockney, einer beschwingten und vulgären Form von Gassenenglisch, sind verblüffend und nicht zufällig, denn Australien war Ziel vieler Einwanderer aus den Reihen der unterdrückten Bevölkerung des Londoner East End. Einflüsse der »outback«-Sprache (der im Busch gesprochenen Sprache) mit starker Färbung der Sprache der Aborigines schlugen sich ebenfalls im australischen Englisch nieder.

Die Geschäftssprache Australiens ist wie die Menschen, die sie sprechen: klassen- und respektlos. Es existieren kaum regionale Varianten der Sprache, und die Leute wechseln willkürlich von breitem *(broad)* zu gehobenem *(cultivated)* Australisch. Männer werden sogar im Geschäftsleben als »mate« (Kollege, Kumpel) bezeichnet, ein fester Händedruck ist willkommen und die Anrede mit Vornamen ist Standard. Ein australischer Geschäftsmann begegnet seinen Ansprechpartnern mit GESUNDEM MENSCHENVERSTAND und mit einem sympathischen Maß an Nichtachtung gegenüber Autorität, Rang und Ideologie. Es ist sehr schwer, einen Australier zu beeindrucken, und man sollte es am besten auch gar nicht erst versuchen. Australier haben eine Laissez-faire-Haltung und mögen es nicht, in geschäftlichen Dingen unter Druck gesetzt zu werden. Sie sind ausgesprochen gastfreundlich, umgänglich und großzügig.

Sich und andere vorstellen

Wie schlagen sich diese Besonderheiten in Geschäftsgesprächen nieder? Die folgenden Standardwendungen sind im Business Englisch gebräuchlich, wenn Sie Leute kennen lernen, das heißt ihnen zum ersten Mal begegnen.

Sich vorstellen

→ FORMELL

May I introduce myself?

I don't think we've met. My name's Pete Wallace.

Haven't we met somewhere before?

I don't think we know each other. My name's Julie Sharp.

→ INFORMELL

Nice to meet you, my name is Sarah Parker. (Eher UK)

Hi, I'm Sarah Parker. (Eher US)

Andere Personen miteinander bekannt machen

→ FORMELL

Sarah, may I introduce you to Peter?

Mr Wallace, I'd like you to meet Ms Petri. (Eher UK)

Dr Barnes, may I introduce you to Mr Smith? (Eher UK)

→ INFORMELL

Sarah, have you met Peter?

Peter, do you know Sarah?

Das KISS-Prinzip

Die wirtschaftlichen Gegebenheiten verlangen heute, dass die verwendete Sprache für Muttersprachler und Nicht-Muttersprachler gleichermaßen verständlich ist. Da Englisch die Lingua franca der Geschäftswelt ist, wird Wirtschaftsenglisch von den meisten als ein Werkzeug zur Erledigung ihrer Arbeit angesehen. Im internationalen beziehungsweise globalen Geschäftsverkehr ist deshalb eine zunehmende Tendenz zur Verwendung einer präzisen, fokussierten Sprache festzustellen.

Die berüchtigte Steifheit der Briten zeigt sich zum Beispiel im geschäftlichen Umgang kaum, selbst sie haben inzwischen das KISS-Prinzip *(keep it short and simple)* im Geschäftsleben übernommen. So ist eine gewisse Abkehr von weniger bestimmten, teilweise sehr förmlichen Wendungen wie beispielsweise »It has indeed been a great pleasure meeting you…« und eine Hinwendung zu kürzeren Ausdrücken wie beispielsweise »It was nice meeting you.« zu beobachten.

Mr und Ms – Die Anrede

Die Anrede für Männer ist »Mr«. Wenden Sie sich an mehrere Herren gleichzeitig, reden Sie sie mit »gentlemen« an. Sind Damen und Herren anwesend, sagt man dementsprechend »ladies and gentlemen«.

Komplizierter ist die Anrede für Frauen. Das von vielen Deutschen benutzte »Mrs« oder »Miss« ist heutzutage – vor allem im Business Englisch – gar nicht mehr gebräuchlich, weder in den USA noch in Großbritannien.

- »Mrs« bezeichnet eine verheiratete Frau und wird daher im Wirtschaftsenglisch selten verwendet, denn der Familienstand einer Person ist hier ohne Bedeutung.
- »Miss« entspricht dem deutschen »Fräulein« und ist damit in der Geschäftswelt (vor allem in den USA) ebenfalls nicht mehr gebräuch-

lich. Diese Anrede bietet sich nur für Minderjährige an und sollte, wenn überhaupt, nur im privaten Kreis benutzt werden.

- Die Entsprechung von »Mr« im Geschäftsverkehr ist »MS« (wird ähnlich wie Miss, aber etwas gedehnter und mit weichem »S« ausgesprochen). »Ms Parker« sagt nichts über den Familienstand der betreffenden Person aus und ist im Business Englisch angebracht. »Ms« klingt etwas ungewöhnlich und ist es auch, da englische Muttersprachler in verbaler Kommunikation unter sich ganz selten Gebrauch davon machen und man eher den Vornamen benutzt. »Ms« setzt man aber sehr häufig in der schriftlichen Korrespondenz ein.

Vornamen und Nachnamen

In der englischsprachigen Welt bedient man sich im beruflichen Umfeld gerne der Vornamen. Es gelten folgende Regeln:

- Reden Sie (nur) Gleich- und Niedrigerrangige mit dem Vornamen an.
- Überlassen Sie es dem (hierarchisch) Höherstehenden, Ihnen die Anrede mit dem Vornamen anzubieten, wenn Sie sich unsicher fühlen.
- Das Alter spielt eine gewisse Rolle, aber selbst bei der älteren Generation ist es Usus, jemanden mit seinem Vornamen anzusprechen und auch mit dem Vornamen angesprochen zu werden.
- Bei jüngeren Kollegen, insbesondere wenn sie auf einer niedrigeren Hierarchiestufe arbeiten, ist es üblich, den Vorgesetzten mit seinem Nachnamen anzusprechen, während der Vorgesetzte seine Mitarbeiter mit dem Vornamen anredet.
- Das Beharren auf der Verwendung des Nachnamens könnte unbeabsichtigt als Antipathie gegenüber der betreffenden Person ausgelegt werden.
- Stellen Sie sich mit Ihrem vollen Namen vor (Sarah Parker), und Sie werden feststellen, dass Ihr Gesprächspartner Sie in den meisten Fällen mit Ihrem Vornamen anreden wird.

Anbieten des Vornamens

Wenn Sie möchten, dass jemand Sie mit Ihrem Vornamen anredet, können Sie ihm dies mit folgenden Wendungen mitteilen:

→ Please call me Sarah.
→ You can call me Sarah.
→ Do call me Sarah. (UK)

Wenn Sie jemanden um die Erlaubnis bitten möchten, ihn bei seinem Vornamen anzureden, verwenden Sie ganz einfach eine der folgenden Wendungen:

→ May I call you Peter?
→ Do you mind if I call you Peter?

Passende Antworten sind:

→ Please do.
→ Go ahead.
→ By all means.

»Nice to meet you«

Wenn Sie jemandem vorgestellt wurden, sind die folgenden Wendungen als Antworten geeignet:

→ FORMELL

It's a pleasure to meet you.
I've been looking forward to meeting you.
Pleased to meet you(, too).

→ INFORMELL

Good to see you again.
How are things?
Nice to meet you(, too).

Sich begrüßen

Die folgenden Wendungen sind im Business-Kontext als Grußformeln geeignet:

→ FORMELL

Hello Mr Winter. Welcome to Boston.
How are you Ms Philip? Nice to have you here.
Good afternoon, Harold. What a pleasure to see you again.
(Eher UK)

→ INFORMELL

Good morning, Mark. How nice to see you again.
John, good to see you here.
Hello James. How are things with you?
Hi there. How has life been treating you?
Hi Sam, how have you been keeping? (UK)

FALSE FRIEND

»How do you do?« oder »How are you?«

*»**How do you do?**« bedeutet »Es freut mich, Sie kennen zu lernen.« und kann beantwortet werden mit »How do you do?« (was ziemlich förmlich ist) oder »Nice to meet you.«*
*»**How are you?**« (»Wie geht's?«) kann beantwortet werden mit »I'm fine, thanks, and you?« oder »Very well, thank you, and you?«*
*»**How are you doing?**« wird im amerikanischen Englisch verwendet, um sich nach dem Befinden zu erkundigen. Wird (US) bei der ersten Begrüßung und (UK und US) laufend als allgemeines »Hallo« verwendet. Kann beantwortet werden mit »I'm fine, thanks.« oder »Very well, thank you.«*

Eine positive und optimistisch klingende Reaktion auf eine Begrüßung ist im Arbeitsleben eine Selbstverständlichkeit. Mögliche Antworten sind:

→ FORMELL

I'm very well, thank you James. Good to be here.

Hello John. It's nice to see you again, too.

Hello Sandy. It's a pleasure to be here. (Eher UK)

→ INFORMELL

Good morning, Pete. You're looking well.

May, nice to see you again.

Hi Donald, everything's fine, thanks, and with you?

Hi Pete. I'm very well. How about you?

Hello Sonja. I'm doing well, thanks.

Sich verabschieden

Die folgenden Wendungen eignen sich zur Verabschiedung oder Beendigung eines Gesprächs:

→ FORMELL

Well, thank you very much for your time. It was a pleasure talking to you.

It has been nice meeting you.

It was a pleasure to meet you.

I hope we meet again sometime.

→ INFORMELL

Nice talking to you. Let's get together sometime.

Good talking to you.

It was nice meeting you.

Hope to see you again soon.

Take care.

Catch up with you later. (US)

Über die Bedeutung von Titeln

Einige Titel verleihen ihrem Träger im Geschäftsleben einen gewissen Status. Weltweit tätige Unternehmen zeigen jedoch eine zunehmende Neigung zu Meritokratien (in Hierarchien hat die erreichte Stufe oft wenig mit Verdienst zu tun; ein meritokratisches System basiert darauf, dass nur diejenigen, die eine Beförderung verdienen, auch wirklich aufsteigen). Viele dieser Titel und der sie begleitende ideologische Status sind inzwischen ausgehöhlt. Die Amerikaner neigen zwar dazu, größeren Wert auf Tätigkeitsbezeichnungen zu legen, doch die tatsächliche Hierarchie innerhalb einer Firma steht oft nur auf dem Papier. Die Verwendung akademischer Titel ist unüblich, insbesondere im Gespräch und bei interner Kommunikation im Unternehmen. In förmlicheren geschäftlichen Kontexten oder aus beruflichen Gründen können akademische Titel im Gespräch verwendet werden, um Sachkenntnis in einem bestimmten Bereichen zu bekunden. Natürlich sind akademische Titel ebenso wie Tätigkeitsbezeichnungen bei aller »offiziellen« Kommunikation zu benutzen, also bei Briefen/Faxen, auf Visitenkarten, in der Adresse usw. Wenn Sie jemanden mit »Good morning, Dr Parker.« ansprechen, wird sie wahrscheinlich antworten: »Bitte nennen Sie mich Jane.« Sollte sie Sie nicht auffordern, sie mit dem Vornamen anzureden, verwenden Sie am besten weiter den Titel und den Nachnamen, bis Sie eine entsprechende Aufforderung erhalten.

TIPP

Kulturelle Unterschiede

→ In den deutschsprachigen Ländern neigt man dazu, akademischen Status höher zu bewerten als dies in den USA der Fall ist. Amerikaner bewundern materiellen Status und »schnelles Schalten« weitaus mehr. So gibt es in den USA weniger Träger eines Doktortitels in Führungspositionen als in Deutschland, da die Führungskräfte danach ausgewählt werden, was sie zu dem Ziel, eine führende Marktposition zu erobern, beitragen können.

Mix & Match

Ordnen Sie bitte den folgenden Fragen die richtigen Antworten zu.
Die Lösungen finden Sie auf Seite 125.

1. How are you doing?
2. It is very nice to meet you, Dr Rose.
3. Have you met Lucy?
4. The weather is appalling, isn't it?
5. Have you been with the organization for some time?
6. Would you mind if I called you Petra?
7. Let's get down to business, shall we?
8. Did you have any trouble finding us?
9. Can I offer you a coffee?
10. Would you care to join us?

a. Yes, but quite usual at this time of the year.
b. Oh, please call me John.
c. No, I don't believe I have.
d. Oh, yes please.
e. Hanging in there.
f. Not at all.
g. Yes, for longer than I care to remember.
h. That would be lovely.
i. Yes, let's.
j. None at all, thank you.

Mit Smalltalk ins Gespräch kommen

Der berufliche Gesprächseinstieg mittels Smalltalk ist ein bemerkenswerter und häufig diskutierter Unterschied zwischen deutsch- und englischsprachigen Ländern. Allgemein gilt die Regel, dass sowohl Briten als auch Amerikaner etwa fünf bis zehn Minuten eines geschäftlichen Treffens mit Smalltalk zubringen. Dies geschieht ganz selbstverständlich und dient dazu, ein harmonisches Verhältnis zu dem Geschäftspartner aufzubauen und damit die Grundlage für gute geschäftliche Beziehungen zu schaffen. Nach der ersten Begrüßung erleichtert Smalltalk den Übergang zum Geschäftlichen.

Die Do's und Don'ts beim Business-Smalltalk

Mit diesen Do's und Don'ts sind Sie für den nächsten Business-Smalltalk gut gerüstet:

- (+) Steigen Sie nicht direkt in das Geschäft ein, sondern bauen Sie zuerst ein (harmonisches) Verhältnis zu Ihrem Partner auf.
- (+) Vor allem in den USA ist Business ein Spiel, das mit Begeisterung und positiver Energie gespielt wird.
- (+) Verwenden Sie Vornamen.
- (+) Versuchen Sie, sich mit einer gewissen verbalen »Unbestimmtheit« anzufreunden. (UK)
- (+) Denken Sie daran, dass Humor im Leben der Briten ein wahres Glück darstellt und befreiend wirkt. (UK)
- (+) Respektieren Sie die unveränderliche Natur der britischen Insellage (das ist ziemlich clever). Die Briten sind nämlich sehr stolz darauf, ein Inselvolk zu sein. (UK)
- (–) Bestehen Sie nicht auf der Einhaltung von Tagesordnungen oder Zeitplänen – Flexibilität und spontane Reaktionen werden hoch geschätzt.
- (–) Bestehen Sie nicht unbedingt auf Klärung – mit Findigkeit und Wendigkeit machen Sie mehr Punkte.
- (–) Vermeiden Sie Volkstümelei und plumpe Vertraulichkeiten.
- (–) Wichtigtuerei wird nicht geschätzt und ein offensichtlicher Mangel an Humor wird mit Skepsis betrachtet.
- (–) Zollen Sie hierarchischem Status oder Titeln keine übermäßige Achtung.
- (–) Beklagen Sie sich nicht unverhohlen über Ärgernisse wie Verzögerungen, Verkehr usw. (Haltung und Humor bewahren). (UK)

FALSE FRIEND

concern

Sie meinen: Er arbeitet für einen sehr interessanten ***Konzern****.*
Im Englischen ist ein »concern« etwas, worüber Sie sich Sorgen machen, als Verb bedeutet das Wort auch »in Zusammenhang stehen mit« bzw. »betreffen«, etwa in: »It concerns our development plans.« Der deutsche Begriff »Konzern« ist mit ***company, firm*** *oder* ***organization*** *zu übersetzen.*

1

Geschäft ist Geschäft – oder etwa nicht?

Sowohl bei den Briten als auch Amerikanern gibt es mehr Überschneidungen von Privat- und Berufsleben als es in Deutschland üblich ist. In Smalltalk und Geschäftsgesprächen wird immer wieder auf die Familie oder Hobbys Bezug genommen. Es kommt häufig vor, dass man nach der Arbeit mit Kollegen auf einen Drink in den Pub geht (UK) oder nach der Arbeit mit Kollegen Sport treibt (UK & US). Kurz gesagt: Es wird nicht so scharf zwischen Arbeits- und Freizeit und Kollegen und Freunden getrennt.

Englische oder amerikanische Kollegen werden Sie viel schneller auf einen Drink zu sich nach Hause einladen, als dies bei uns der Fall ist. Rechnen Sie insbesondere in den USA damit, schon nach der ersten Begegnung eingeladen zu werden; nehmen Sie die Einladung an, aber nicht zu ernst: Amerikaner gelten in dieser Hinsicht als oberflächlich, tatsächlich sind sie einfach nur freundlicher, erwarten aber nicht, dass sich daraus eine tiefe Freundschaft ergibt. Für Briten und Amerikaner ist es ein wenig ungewöhnlich zu erleben, dass sich in Deutschland Kollegen über Jahre mit dem Nachnamen anreden und außerhalb des Büros nur wenig Kontakt haben.

Über den Beruf sprechen

Über die Arbeit wird normalerweise gern gesprochen. Mit »Womit verdienen Sie Ihren Lebensunterhalt?« (»What do you do for a living?«) wird oft nach der ersten Vorstellung ein Gespräch eröffnet. Am Arbeitsplatz, auf Messen, Kongressen usw. könnten Besucher, Gäste oder sogar Kollegen eine der folgenden Fragen stellen: »Was machen Sie eigentlich?« (»So what line are you in?«), »In welcher Abteilung arbeiten Sie?« (»What department do you work in?«) oder »In welcher Sparte sind Sie tätig?« (»Which division are you in?«).

Wenn Sie so gefragt werden, seien Sie bei der Beschreibung Ihrer Tätigkeit nicht zu bescheiden, was Ihre Aufgaben und Leistungen angeht. Versuchen Sie, mit den besonders in den USA gebräuchlichen Euphemismen mitzuhalten. Auch den Briten ist viel daran gelegen, ihre Fähigkeiten hervorzuheben. Während Amerikaner dabei weniger zurückhaltend sind und viele Superlative einsetzen, wird Ihr britischer Gesprächspartner Sie auf elegante Weise wissen lassen, dass er der Beste für diesen Job ist oder das beste Produkt beziehungsweise die beste Dienstleistung anzubieten hat.

Persönlichkeit hat einen hohen Stellenwert, und insbesondere in den USA erwarten die Unternehmen von ihren Mitarbeitern Wendigkeit und Flexibilität. Dort wird auf allen Firmenebenen von den Angestellten erwartet, dass sie als Einzelne selbstständig und vorausschauend handeln, um so zum Gesamterfolg der Firma beizutragen.

So erfüllen Sekretärinnen keine Pflichten, sondern »unterstützen die Anstrengungen aller, das gemeinsame Ziel, das heißt den Erfolg des Unternehmens, zu sichern«.

Job-Talk (Beispieldialog)

Im folgenden Dialog werden die gängigsten Formulierungen verwendet, die man benutzt, um Näheres über die Tätigkeit eines Gesprächspartners zu erfahren:

A: So what line of business are you in?

B: Reinsurance, how about you? *(Rückversicherung)*

A: Asset management. *(Anlagenverwaltung)*

B: Oh really, who are you with?

A: Bates, and you?

B: Bains & Co.

A: Oh, one of the best addresses.

B: Yes, I am quite happy there. *(Britische Untertreibung: »quite happy« bedeutet »wirklich zufrieden«.)*

A: So what exactly do you do?

B: I am PA *(Personal Assistant)* to the European Operations Manager.

A: So what exactly does that entail?

B: Oh, where should I start? Everything from evaluating new markets, monitoring and improving service quality issues, supporting the team in ensuring the smooth processing of daily events. It is really a challenging job and keeps me on my toes *(hält mich auf Trab)*.

A: I bet, so what's your background then? *(»Background« bezieht sich hier auf Studium, Berufsausbildung usw.)*

B: Well, I am actually a self-starter. I dropped out of college and after traveling around Asia for sometime I got into Bains & Co. as a temp in the complaints department.

A: And how does one get to be in such a responsible position through the back door?

B: You know that's often the way it works there. There are few guidelines regarding employee advancement procedures. Show willing and take chances. Then it's a matter of being in the right place at the right time.

Den Verantwortungsbereich beschreiben

Hier finden Sie die besten Formulierungen, um die hierarchische Struktur eines Unternehmens, das so genannte Organigramm, und Verantwortungsbereiche *(area of accountability* oder *area of responsibility)* innerhalb einer Firma zu beschreiben:

John ist für den Vertrieb, Sarah für das Marketing zuständig.
John is in charge of sales, Sarah is responsible for marketing.

Mark leitet die Vertriebsabteilung.
Mark runs the sales division.

Roger ist für die Forschungsabteilung verantwortlich.
Roger is accountable for the research department.

Tina gehört zum Team von Dr. Jung.
Tina is a member of Dr Jung's team.

Peter ist F&E-Leiter. (Forschung und Entwicklung)
Peter is head of R&D. (Research and Development)

Der Betriebsleiter berichtet direkt an den Vorstand.
The operations manager has a direct reporting line to the board.

Sally ist direkt Dr. Smith unterstellt.
Sally reports to Dr Smith.

Alle Mitarbeiter sind an dem Projekt beteiligt.
All co-workers are involved in the project.

Unsere Mitarbeiter sind sehr engagiert.
Our personnel are highly committed. (»Personnel« steht immer im Plural. Wenn Sie von einem einzelnen Mitarbeiter sprechen, benutzen Sie »one of our staff«, »a staff member« oder »an employee«.)

Job Titles

Englische Tätigkeitsbezeichnungen *(job titles)* werden im globalen Geschäftsverkehr immer gebräuchlicher. Einige der folgenden Begriffe werden Ihnen sicherlich begegnen:

- President – Präsident
- Board of Directors – Vorstand
- General Manager (eher UK) – (Haupt)Geschäftsführer, Generaldirektor, Generalbevollmächtigter
- Managing Director (eher US) – Geschäftsführendes/r Vorstandsmitglied/Direktor, Generaldirektor, Geschäftsleiter, Hauptgeschäftsführer
- CEO (Chief Executive Officer) – Vorsitzender der Vorstandes, Sprecher des Vorstandes
- Chairman of the Supervisory Board – Vorsitzender des Aufsichtsrates
- CFO (Chief Financial Officer) – Finanzleiter
- Senior Account Manager – Leitender Kundenbetreuer
- Auditor – Revisor, Abschlussprüfer
- Business Unit Manager – Geschäftsbereichsleiter
- Chief Accountant – Chefbuchhalter
- Chief Operations Officer – oberste Führungskraft (eine Stufe unter dem Chief Executive Officer)
- Executive Assistant – Assistent der Geschäftsführung
- PA (Personal Assistant) – Assistent
- Controller – Controller
- Receptionist – Empfangsdame
- Clerk – Sachbearbeiter
- Finance Director – Finanzdirektor
- Key Account Manager – Großkundenmanager
- Office Manager – Büroleiter
- Marketing Manager – Marketingleiter
- Treasurer – Leiter der Finanzabteilung

Das Bewerbungsgespräch

Wenn Sie sich bei einer britischen oder amerikanischen Firma für eine Stelle bewerben, sollten Sie einige Punkte berücksichtigen. Abgesehen von Ihrer offensichtlichen Qualifikation für den Job sollten Sie darauf achten, sich durch einen deutlichen Beweis Ihrer sozialen Kompetenz *(social skills)* gut zu verkaufen. Ihr Auftreten und Ihre Erscheinung *(manner and appearance)* werden während des Gesprächs bewertet, und man wird auf Ihre Begeisterungsfähigkeit, Ihre Energie und Ihre Kommunikationsfähigkeiten achten. Amerikaner und Briten gehen nach einem positiven »can do approach« vor und konzentrieren sich vorwiegend auf das Positive. Vorbehalte und Besorgnis werden, wenn überhaupt, feinsinnig und diplomatisch behandelt. Erstmal abwarten ist ein »no go« in englischsprachigen Ländern.

Für das Einstellungsverfahren sind Ausbildung und Qualifikation *(education and qualifications)* zwar wichtig, werden aber eher als Voraussetzung angesehen denn als wichtiges Verkaufsargument. Man wird erwarten, dass Sie Ihre Leistungen hervorheben *(highlight achievements)* und nicht Ihre Aufgaben auflisten, wenn Sie Ihre derzeitige Position oder letzte Berufserfahrung *(recent experience)* beschreiben. Ein weiterer entscheidender Punkt bei der »Selbstvermarktung« sind die so genannten indirekten Fähigkeiten *(indirect skills)*, das heißt der Umgang mit Menschen, ein Gespür für gutes Verhalten und Motivation. Die Verpackung ist letztendlich manchmal wichtiger als der Inhalt. Haben Personalleiter die Wahl zwischen zwei Bewerbern mit gleicher Qualifikation, wird normalerweise derjenige mit der stärksten Persönlichkeit *(biggest personality)* das Rennen machen. Wenn Sie, was Ihren Lebenslauf angeht, vollständig ehrlich sind, werden Sie den Job nicht bekommen. Die Botschaft, vor allem in den USA, lautet: »Bold, creative and unverifiable!« (»Beherzt, kreativ und nicht nachprüfbar!«)

Alles zum Thema »Schriftliche Bewerbung« finden Sie auf → Seite 66.

Fill in the Gaps

Setzen Sie bitte die folgenden Wörter in die passenden Sätze ein. Die richtigen Antworten finden Sie auf Seite 125.

a. assessment center – Personalauswahlverfahren, b. to resign – zurücktreten, c. apply for – sich bewerben, d. handed in notice – gekündigt, e. submit – einreichen, f. being fired – gefeuert werden, g. dismissal – Entlassung, h. résumé – Lebenslauf (US), i. career development – berufliche Weiterentwicklung, j. lay offs – Entlassungen, k. promoted to – befördert werden

1. I intend to ______________________ a job with them.
2. Please ______________________ your detailed CV (UK: Curriculum Vitae).
3. Can you send us your ______________________ online?
4. They have engaged the support of an ______________________ in their hiring procedure.
5. She will be ______________________ marketing manager.
6. This training program will help you in your ______________________.
7. Have you heard that John has ______________________?
8. Yes, it was either that or risk ______________________.
9. Many of his team also face ______________________.
10. Major ______________________ are to be expected in the region.
11. We are expecting the president ______________________ after the scandal.

Telefonieren auf Englisch

→ Meetings mit ausländischen Geschäftspartnern finden häufig per Telefon statt. Um dabei über die Sachebene hinaus den Kontakt zu vertiefen, sind hier, gerade im Gespräch mit Briten und Amerikanern, neben sprachlichen Fähigkeiten Ihre »people skills« und eine persönliche Note gefragt. Aber zum Glück ist Telefonkompetenz eine Kunst, die man erlernen kann.

Das Telefon-Know-how

2

Da zunehmend per E-Mail kommuniziert wird, sollte man meinen, dass Telefongespräche im Geschäftsverkehr seltener werden. Allerdings werden Meetings inzwischen weitgehend durch Telefonanrufe und Telefonkonferenzen ersetzt – Kompetenz im Führen von Telefongesprächen *(telephone skills)* hat daher sogar noch an Bedeutung gewonnen. Persönlicher Kontakt, der früher während eines Meetings vertieft wurde, wird nun häufig über das Telefon hergestellt.

Kundenpflege *(customer relationship management)* und der Austausch mit Geschäftspartnern finden daher eher am Telefon als im direkten Kontakt *(face-to-face meetings)* statt. Und auch wenn das Schreiben einer E-Mail oft ausreichend und weniger zeitraubend wäre, sollten Sie sich dazu zwingen, häufiger zum Hörer zu greifen, denn ein Gespräch ist einfach interaktiver und persönlicher. So erfahren Sie nebenbei auch, was es Neues bei Ihren Kunden gibt *(touching base)*, und schulen gleichzeitig Ihre interkulturellen und sprachlichen Fähigkeiten. Für den Einstieg kann Ihnen der Spickzettel auf der vorderen Umschlagklappe mit nützlichen Vokabeln weiterhelfen.

Warum wählen viele trotzdem lieber das Medium E-Mail? Telefongespräche in einer Fremdsprache zu führen, wird von vielen als große Herausforderung angesehen. Es fehlen die nonverbalen Signale (Gesichtsausdruck, Gesten, Augenkontakt, Körperhaltung), mit denen man kommunizieren kann, sobald man sich gegenübersitzt – ein Manko, das einem bei fremdsprachigen Telefonaten natürlich noch viel stärker auffällt als in der Muttersprache. Auch die angenehme

Atmosphäre, die man bewusst vor einem Meeting kreieren kann (Smalltalk auf dem Weg von der Lobby zum Konferenzraum, den Mantel abnehmen ...), fällt bei einem Telefonat weg – abgesehen natürlich von dem Smalltalk, den Sie auch zu Beginn eines Telefongesprächs gut einbauen können, um das Eis zu brechen.

Um Telefonkompetenz auf Englisch zu beweisen, sind neben den sprachlichen Fähigkeiten (siehe unten) gefragt: ein Gefühl für die kulturellen Unterschiede *(cultural sensitivity)*, Ihre Fähigkeiten im Umgang mit Menschen *(people skills)* und die Fähigkeit, eine menschliche Note *(human touch)* in das Gespräch zu bringen. So werden Mitarbeiter von Call Centern, so genannte »call agents«, speziell geschult, um sicherzustellen, dass sie am Telefon die notwendige Kontaktfähigkeit *(personal touch)* besitzen, die im Kundendienst *(customer service)* so entscheidend ist. Aber keine Angst: Die notwendige Telefonkompetenz lässt sich rasch erlernen!

Telefongespräche vorbereiten

Damit Sie auch auf Englisch fachliche Fragen klären können, sollten Sie sich gut vorbereiten und auf sprachlicher Ebene fit werden.

Für VON IHNEN SELBST AUSGEHENDE ANRUFE ist wichtig:

- Prägen Sie sich wichtige Vokabeln (fachlich, Smalltalk), Anknüpfersätze und Ähnliches im Vorfeld ein.
- Recherchieren Sie mögliche Fettnäpfchen (Gab es beispielsweise etwas, worauf der Gesprächspartner beim letzten Mal nicht positiv reagiert hat?). Machen Sie sich am besten nach jedem Gespräch für weitere Kontakte Notizen.
- Bereiten Sie jeden ausgehenden Anruf mit einer kleinen »Tagesordnung« *(agenda)* vor, damit Sie nichts Wichtiges vergessen. Gerade Telefonkonferenzen mit mehreren Teilnehmern müssen wie »echte« Meetings sorgfältig geplant werden.

Eine schlechte Planung von Telefon-Meetings führt zu wiederholten Anrufen und lässt ein gewisses Maß an Frust aufkommen. So wie Sie nicht wiederholt in das Büro eines Kollegen hereinplatzen und Leute mit spontanen Meetings überraschen würden, sollten Sie auch nicht von anderen erwarten, Ihre Aufforderung zu einem Telefon-Meeting unangemeldet entgegenzunehmen. Verwechseln Sie jedoch gutes Planungsverhalten *(good planning behaviour)* nicht mit Inflexibilität: Das Telefon kann wie gesagt stets benutzt werden, um Kontakt zu halten oder persönlichen Kontakt herzustellen und um Probleme und Fragen sofort zu klären. Gerade bei überraschenden Krisensituationen ist das Telefon das Kommunikationsmittel der Wahl (siehe auch → »Souverän in schwierigen Gesprächen«, Seite 47). Nehmen Sie sich bei solchen Gesprächen so viel Zeit wie nötig.

» Use soft words
and
hard arguments. «

[Britisches Sprichwort]

Am besten können Sie Ihr Telefoniertalent aber unter Beweis stellen, wenn Sie Ad-hoc-Gespräche *(ad-hoc calls)* annehmen.

Bei **EINGEHENDEN, UNGEPLANTEN ANRUFEN** ist wichtig

- die Fähigkeit, spontan zu handeln *(spontaneous performance ability)*, um dringende Angelegenheiten zu bewältigen.
- bei hoher Arbeitsbelastung außerdem gutes Zeitmanagement. Und das verlangt, dass Sie ohne Vorankündigung keine langen Gespräche annehmen und dies auch nicht von anderen erwarten. Jedes Gespräch,

das voraussichtlich mehr als 10 bis 15 Minuten dauern wird, sollte im Voraus geplant werden *(be scheduled in advance)*. Haben Sie viel um die Ohren, können Sie mit spontanen Anrufern einen anderen, günstigeren Zeitpunkt für ein ausführliches Telefongespräch vereinbaren: »I am rather busy at the moment. Could we talk later today?«, »I'm afraid I don't have a lot of time at the moment. Would it be possible to schedule a call for later in the week?« oder, weniger formell ausgedrückt, »This is rather important. Let's set up a time to talk about it in more detail.«

Begrüßung und Gesprächseinstieg

Wenn Sie ein Telefongespräch annehmen *(to answer the phone)*, sind die klassischen englischen Begrüßungen im Geschäftsverkehr *(business hellos)* »Good morning. Nature Foods, how may I help you?« oder »Good afternoon. John Nokes speaking (am Apparat).« An Ihrem persönlichen Apparat, also Ihrer Nebenstelle *(personal extension)* im Unternehmen, ist es üblich, sich schlicht mit dem (Vor-)Namen zu melden: »Neil here.« Wenn jemand nach Ihnen fragt und Sie selbst am Apparat *(on the line)* sind, antworten Sie mit »Yes, speaking. What can I do for you?«
Englischsprachige Anrufer nennen nicht immer ihren Namen, wenn sie anrufen. Sie sollten dem Drang widerstehen, den Anrufer für dieses offensichtliche Versehen *(obvious oversight)* zurechtzuweisen. In den meisten englischsprachigen Ländern ist es

TIPP

Kundenkontakt

→ Für den Kundenkontakt gilt in englischsprachigen Ländern die Grundregel der »drei P«: »personal, positive, pro-active«. Handeln Sie stets persönlich, positiv, proaktiv. Übrigens sind auch Geschäftspartner Kunden – eine Vorstellung, die im angelsächsisch geprägten Kulturkreis weit verbreitet ist, sich in Deutschland aber noch nicht ganz durchgesetzt hat.

überhaupt kein Fehler, sondern das Produkt kultureller Normen und Gepflogenheiten. Denn im angelsächsisch geprägten Kulturkreis verlangt das Protokoll nun einmal nicht, dass sich der Anrufer mit seinem Namen vorstellt.

Fragen Sie bei dem Anrufer ganz einfach nach, um Klarheit zu bekommen:

- »Mit wem spreche ich?« – »To whom am I speaking?«,
- »Darf ich fragen, mit wem ich spreche?« – »May I ask who is calling, please?«,
- »Könnten Sie bitte Ihren Namen noch einmal wiederholen?« – »May I just have your name again, please?«
- oder, wenn das Gespräch für jemand anderen ist, »Wen darf ich melden?« – »Who should I say is calling, please?«

Fühlen Sie sich zuständig, fragen Sie »How may I help you?« oder »What can I do for you?«. Fällt das Anliegen des Anrufers nicht in Ihren Arbeitsbereich, können Sie ihn an eine andere Abteilung/einen Kollegen weiterleiten (→ Seite 34).

Beginnen Sie als Anrufer ein Gespräch nicht mit »Smith, hello.« Das klingt ziemlich abrupt und im Englischen etwas merkwürdig. Sagen Sie beispielsweise höflich »Hi, this is Paula Smith calling. How are you doing?« und vergessen Sie nicht, dass ein wenig SMALLTALK erwartet wird und für eine harmonische Geschäftsbeziehung hilfreich sein kann. Nach einer kleinen Runde Smalltalk kommen Sie allmählich und beiläufig zum Zweck des Anrufs *(purpose of the call)*. Vielleicht so: »So, John, the reason I am calling is …«

Dieser Ablauf und die dazugehörigen Sätze sind im Prinzip ziemlich einfach. Dass viele sie nicht kennen, ist aber hauptsächlich für die Meinungsverschiedenheiten und Missverständnisse verantwortlich, die man immer wieder bei Telefongesprächen zwischen deutsch- und englischsprachigen Gesprächspartnern erlebt.

Erfolgreich weiterleiten

Jeder von uns hat schon am Telefon das endlose Weiterreichungs-Szenario erlebt: Keiner in der Firma scheint sich zuständig zu fühlen. In den USA nennt man das »passing the buck« – sich den »schwarzen Peter zuspielen«. Guter Kundendienst verlangt, dass alle sich zuständig fühlen – nicht umsonst steht eines der »drei P« für proaktiv (→ Tipp-Kasten Seite 32).

Leiten *(to transfer)* Sie Anrufe deshalb nur wenn nötig weiter; nach Möglichkeit kümmern Sie sich selbst um die Angelegenheit. Wenn Sie einen Anruf weiterleiten müssen, vermeiden Sie am besten die Benutzung des Wortes »transfer«, sagen Sie stattdessen beispielsweise: »I'm afraid I don't have that information at hand, I will connect you to Sheila Smith who will be happy to help you.«

⊖ Eine Weiterleitung mit den knappen Worten »I'll put you through to the complaints department«, ist nirgendwo annehmbar – insbesondere nicht im angelsächsisch geprägten Kulturkreis, wo der Kunde König ist. Abschreckend für einen Anrufer ist besonders, wenn er längere Zeit mit unerträglicher Musik in der Warteschleife hängt und seine Chancen, in der Abteilung, zu der Sie ihn durchstellen, eine positive Antwort zu bekommen, fifty-fifty stehen.

⊕ Verhalten Sie sich verständnisvoll, erklären Sie, warum Sie den Anruf weiterreichen, und bleiben Sie wenn möglich in der Leitung, um sicherzustellen, dass dem Anrufer von der Person, die nach Ihnen den Anruf übernimmt, geholfen wird. Sagen Sie dem Anrufer am besten: »Diese Angelegenheit fällt leider nicht in meinen Aufgabenbereich. Mr Peters aus der Buchhaltung kann Ihnen da besser weiterhelfen. Ich leite Ihren Anruf weiter. Seine direkte Durchwahl ist übrigens 274.« (»I'm afraid I am not responsible for this area. Mr Peters from book-keeping will be able to help you there. I will put you through now. His extension is 274.«)

Mit den folgenden Wendungen können Sie einen Anrufer weiterleiten:

- »Ich stelle Sie jetzt durch.« – »I'll put you through now./I'll connect you now.«
- »Ich versuche, Sie zu verbinden.« – »I'm trying for you now.«

Sich verbinden lassen

Wenn Sie in einer Firma verbunden werden möchten, beispielsweise von der Telefonzentrale *(switchboard)*, bieten sich folgende Wendungen an:

Ich möchte gerne mit jemandem sprechen, der mir Auskunft geben kann über ...
I'd like to speak to someone who can give me information on ...

2

TIPP

Hierarchie – nein danke

- Von »superiors« (Vorgesetzten) und »subordinates« (Untergebenen) zu sprechen, ist ein wenig veraltet und kann als hierarchisches Denken ausgelegt werden. Dagegen sind die Bezeichnungen »supervisors« (Vorgesetzte), »my team« (mein Team), »staff« (Mitarbeiter) oder »direct reports« (direkt unterstellte Mitarbeiter) und »team members« (Teammitglieder) üblich. Von Ihrem Vorgesetzten können Sie ruhig als von Ihrem »boss« sprechen. Alternativ können Sie auch die folgende Umschreibung verwenden: »I report to John Stokes.« (also wörtlich übersetzt: »Ich berichte an John Stokes.«) Sinngemäß bedeutet es jedoch: »Ich bin John Stokes unterstellt.«

Könnte ich bitte mit/Ich würde gerne Frau Scott sprechen?
May I speak/Could I speak/I'd like to speak to Mrs Scott, please?

Könnten Sie mich bitte an die Kreditabteilung weiterleiten?
Could you please transfer me to the credit department?

Ich hätte gerne Durchwahl 786.
Could you get me extension 786, please.

Wissen Sie, welche Durchwahl er hat?
Do you know his extension number?

Ich bin zum falschen Apparat durchgestellt worden.
I got the wrong extension.

Einen Anrufer hinhalten

Manchmal ist es auch nötig, einen Anrufer in netter Form hinzuhalten und dazu bringen, kurz in der Leitung zu bleiben, beispielsweise wenn Sie Informationen besorgen oder nachsehen müssen, ob ein Kollege am Platz ist. Dann sind folgende Sätze nützlich:

FALSE FRIEND

place

*Sie wollen sagen (am Telefon): »Sie ist nicht an ihrem **Platz.**«*
*Ein häufiger Irrtum: »Place« bedeutet zwar »Platz«, bezieht sich aber keinesfalls auf den »Sitzplatz«. Die richtige Übersetzung lautet: »She is not **at her desk** right now.« Eine mögliche Ergänzung wäre: »Can I take a message?« (»Möchten Sie eine Nachricht hinterlassen?«)*

Einen Augenblick, bitte. Ich werde sehen, ob sie da/verfügbar ist.
Just a moment, please. I'll see if she's available.

Sie spricht leider noch auf einer anderen Leitung. Möchten Sie warten oder kann ich etwas ausrichten?
I'm afraid she is still on another line. Would you care to continue holding or could I take a message?

Sie ist momentan nicht am Platz. Kann ich Ihnen weiterhelfen?
I´m afraid she is not at her desk just now. Maybe I can help you?

Bleiben Sie bitte am Apparat, ich besorge Ihnen die Informationen.
Hold on, please. I'll get that information for you.

Ihr Apparat ist besetzt. Kann ich Ihnen die Durchwahl geben?
Her number is engaged. Can I give you her direct extension?

Kann ich ihm sagen, worum es geht?
Could I tell him the nature of the call?

Nachrichten entgegennehmen

Ein Anrufer, der Ihren Kollegen *(colleague)* sprechen möchte, landet bei Ihnen, da Ihr Kollege nicht am Platz ist oder vielleicht sogar längere Zeit abwesend. Mit den folgenden Sätzen ist das Entgegennehmen einer Nachricht kein Problem:

Darren müsste heute Nachmittag wieder da sein. Kann ich etwas ausrichten?
Darren should be back this afternoon. Could I take a message?

Sie ist heute leider nicht im Büro. Möchten Sie eine Nachricht hinterlassen?
I'm afraid she's not in today. Would you like to leave a message?

Sie ist momentan in einer Besprechung. Sie können aber gerne eine Nachricht hinterlassen.
She is at a meeting right now. You can leave a message with me if you'd like?

Darf ich Ihren Namen notieren?/Könnten Sie ihn bitte buchstabieren?/Geben Sie mir bitte Ihre Nummer?
May I take your name, please?/Would you mind spelling that, please?/ Could you give me your number, please?

Sie ist bis nächste Woche in Urlaub, aber ich werde es ihr ausrichten.
She is on leave until next week but I'll pass the message onto her.

Eine Nachricht hinterlassen

Wenn Sie für jemanden eine Nachricht hinterlassen möchten, bieten sich folgende Formulierungen an:

Könnten Sie ihn bitten, Carl unter der Nummer 965 3521 anzurufen?
Could you ask him to call Carl at 965 3521?

Könnten Sie bitte dafür sorgen, dass er die Nachricht gleich erhält?
Could you make sure he gets the message right away?

Nein danke, dies ist ein Ferngespräch. Ich versuche es später noch einmal.
No thanks, this is a long-distance call. I'll try again later.

Könnten Sie ihn bitten, mich anzurufen, wenn er wiederkommt?
Could you ask him to call me when he gets back?

Würden Sie ihn bitten, mir eine SMS zu senden, wenn er zurückkommt?
Would you ask him to text me when he gets back?

ÜBUNG

Mix & Match

Können Sie den folgenden Sätzen die passenden Antworten zuordnen? Die Lösungen finden Sie auf Seite 125.

1. Can I take a message?
2. What can I do for you?
3. I'll tell him you called.
4. Shall I get him to call you back?
5. Does she have your number?
6. Is that Paul?
7. Can you put me through to sales, please?
8. Can you hold on a sec? *(»sec« ist die umgangssprachliche Kurzform von »Sekunde«)*
9. Am I through to Sales?
10. I need to speak to the department head at once.
11. Would it be possible to leave an urgent message for him?

a. Yes, no problem.
b. I was wondering if you sell ...
c. Oh, that would be nice.
d. No, that's all right. I'll call again later.
e. Speaking.
f. Certainly, one moment please.
g. Let me give it to you just in case.
h. Yes please, he can reach me at home.
i. I will put you through straight away *(sofort)*.
j. Why yes, of course, I will get it to him right away *(sofort)*.
k. Yes, you are. How can I help you?

Internationales Alphabet

Um ein Wort unmissverständlich zu buchstabieren, können Sie das internationale Telefonalphabet oder alternativ dazu alltägliche, vertraute Wörter *(common words)* wie beispielsweise »D – as in Dial« oder »P – as in Pink« benutzen. Für generelle Buchstabier-Verwirrung sorgt bei Deutschen häufig die Ähnlichkeit von »I« und »E« sowie »J« und »G«.

A – Alpha	J – Juliet	S – Sierra
B – Bravo	K – Kilo	T – Tango
C – Charlie	L – London	U – Uniform
D – Delta	M – Mama	V – Victor
E – Echo	N – November	W – Whiskey
F – Foxtrot/Fajar	O – Oscar	X – X-ray
G – Golf	P – Papa	Y – Yankee
H – Hotel	Q – Quebec/Queen	Z – Zulu/Zed
I – India	R – Romeo	

Verabschieden und Beenden des Gesprächs

Neben den gewöhnlichen Verabschiedungen wie »Goodbye.«, »Okay, bye for now.« oder »Keep in touch.« gibt es selbstverständlich auch formellere Wendungen wie: »Danke, dass Sie mich zurückgerufen haben. Auf Wiederhören.« (»Thanks for returning my call, goodbye.«), »Schön, mal wieder von Ihnen gehört zu haben.« (»Nice to hear from you again.«) oder »Schön, dass Sie angerufen haben.« (»It was nice of you to call.«). Erfordert das Telefongespräch die Weiterverfolgung *(follow-up)* von Informationen, können Sie Ihr beabsichtigtes Vorgehen wie folgt signalisieren:

- »Wir werden Ihnen die gewünschten Informationen zusenden. Danke und auf Wiederhören.« – »We will send you the required information. Thank you and goodbye.«
- »Ich rufe Sie diesbezüglich heute noch an.« – »I'll get back to you on that sometime today.«
- »Ich melde mich morgen wieder bei Ihnen.« – »Catch up with you tomorrow.«

2

Survival-Sätze fürs Telefon

Mit den folgenden Telefon-Formulierungen kann im Büro nichts mehr schief gehen.

Um Informationen bitten

Ich rufe an, weil ich Fragen zu Auftragsnummer JFS 2 habe.
I'm phoning to enquire (UK)/inquire (US) about order number JFS 2.

Der Grund meines Anrufs ist, dass ich fragen möchte, ob Sie mir Auskunft geben können über …
The reason I'm calling is to ask if you can give me information on …?

Ob Sie mir wohl etwas sagen können über …?
I wonder if you could tell me something about …?

Es wäre schön, wenn Sie mir den Liefertermin sagen könnten.
I'd appreciate if you could let me have the delivery date.

Termine vereinbaren/verschieben/absagen

Ich denke, wir sollten für diese Woche ein Treffen vereinbaren. Wann haben Sie Zeit/sind Sie frei?
I think we need to arrange a meeting this week. When are you free?

Würde Ihnen Dienstag um 10 Uhr passen?
Would Tuesday at 10.00 suit you?

Geht nächster Freitag, 16 Uhr, bei Ihnen?
Is next Friday at 4 pm convenient for you?

Montag bin ich verplant. Wie wäre es mit Donnerstag?
I'm tied up on Monday. How about Thursday?

Könnte ich einen Termin mit … ausmachen?
Could I make an appointment to see …?

Würden Sie ihm bitte sagen, dass ich zu unserem Meeting heute um 14 Uhr etwas später kommen werde?
Could you tell him that I am going to be late for our 2 o'clock/2 pm meeting today?

Ich würde unser Treffen morgen um 9 Uhr gerne um 30 Minuten verschieben.
I'd like to postpone our 9 o'clock meeting tomorrow by thirty minutes.

Sie möchte das Meeting nächste Woche gerne absagen.
She would like to cancel the meeting next week.

Nummern erfragen und bekannt geben

Haben Sie zufällig seine direkte Durchwahl?
Do you happen to have his direct extension?

Können Sie mir sagen, wo ich ihn erreichen kann?
Could you tell me where I can reach him?

Einen Augenblick, bitte. Ich suche Ihnen die neue Nummer heraus.
One moment, please. I'll find her new number for you.

Sie hat eine andere Durchwahl. Versuchen Sie bitte 128.
She's at a different extension. Could you try 128, please?

ÜBUNG

Translation Practice

Versuchen Sie einmal, die folgenden Sätze ins Englische zu übersetzen, und vergleichen Sie dann mit unseren Übersetzungsvorschlägen daneben.

1. Darf ich fragen, wer anruft?
2. Ich komme diesbezüglich auf Sie zurück.
3. Alle Leitungen sind besetzt. Möchten Sie warten?
4. Ich habe hier eine Nachricht, dass ich Sie zurückrufen soll.
5. Könnten Sie das bitte buchstabieren?

1. May I ask who is calling, please?
2. I will get back to you on that.
3. All lines are engaged; would you care/like to hold?
4. I have a message that I should call you back.
5. Could you spell that, please?

Verständnis überprüfen

McIntyre? Könnten Sie das bitte buchstabieren?
McIntyre? Could you spell that for me, please?

Könnten Sie bitte etwas langsamer sprechen?
Could you speak more slowly, please?

Das habe ich leider nicht mitbekommen.
Sorry, I didn't catch that.

Ich fürchte, das habe ich nicht mitbekommen. Könnten Sie bitte ein wenig lauter sprechen?
I'm afraid I didn't get that. Could you speak a little louder, please?

FALSE FRIEND

handy

*Die englische Bezeichnung für ein **Handy** ist **cell phone** oder **mobile phone**. »Handy« ist ein Adjektiv und bedeutet in etwa »nützlich« – also: »It is very handy to have a cell phone with you if your car breaks down.«*

Sie sind nicht mehr zu verstehen.
Sorry, you are breaking up.

Macht es Ihnen etwas aus, das zu wiederholen? Die Verbindung ist sehr schlecht.
Would you mind repeating that? It's a very bad line.

Hilfe anbieten

Wenn Sie mir sagen, worum es geht, kann ich Ihnen vielleicht helfen.
If you could tell me what it's about, maybe I could help you.

Herr Collins vertritt ihn diese Woche. Möchten Sie mit ihm sprechen?
Mr Collins is filling in for him this week. Do you want to speak to him?

Könnte Ihnen ein anderer Mitarbeiter der Buchhaltung helfen?
Could someone else in book-keeping be of assistance?

Ich hole mir eben die Datei./Ich greife gerade auf dem Computer darauf zu.
I'll just get the file./I'm just accessing it on the computer.

Antworten auf Anfragen

Ich verbinde Sie mit Herrn Scaton, möglicherweise weiß er Rat.
Let me connect you with Mr Scaton who may have the answer.

Herr Clark wäre der Richtige dafür.

Mr Clark would be the best person to handle that.

Wir prüfen das gerade.

We are looking into it at the moment.

Ich tue mein Bestes.

I will do my best.

2

Rückruf

Hier ist Bert Coggins – Sie hatten um Rückruf gebeten.

This is Bert Coggins returning your call.

Tut mir Leid, dass ich Ihren Anruf gestern verpasst habe.

Sorry, I missed your call yesterday.

Ich habe eine Nachricht auf meiner Mailbox/Mobilbox/auf meinem Anrufbeantworter, dass ich Sie anrufen soll.

I have a message on my mailbox/voicemail/answerphone asking me to call you back.

Ich konnte Sie leider nicht eher zurückrufen.

I couldn't get back to you earlier, sorry.

Reservierungen

Ich möchte gerne ein Einzelzimmer reservieren, und zwar von Montag, den 21. März, bis Mittwoch, den 23. März.

I'd like to reserve a single room from Monday, 21st of March to Wednesday, 23rd of March, please.

Ich würde gerne für morgen 12:30 Uhr einen Tisch für vier Personen reservieren.

I'd like to book a table for four for 12.30 tomorrow.

Kann ich für sechs Personen reservieren?

Would it be possible to make a reservation for a party of six?

ÜBUNG

Fill in the Gaps

Setzen Sie bitte die folgenden Wörter in die passenden Sätze des Dialogs ein. Die Lösungen finden Sie auf Seite 125.

a. studied – prüfen, b. talk – reden, c. proceed – vorgehen, d. details – Details, e. in person – persönlich, f. speak to – sprechen mit, g. getting back – zurückrufen, h. stationery – Schreibwaren, i. all day – den ganzen Tag, j. speaking – am Apparat

A: Hello, this is Frank Coggins calling. May I 1. ______________________ Pat please?

B: 2. ______________________.

A: Oh. Hi, nice to speak to you 3. ______________________ at last.

B: Yes, thanks for 4. ______________________ to me so quickly.

A: You're welcome. As you know we are looking for a new supplier for our 5. ______________________.

B: Great, how do you suggest we 6. ______________________?

A: Could you fax me the 7. ______________________ of your new range (Produktpalette)?

B: I'd be happy to. Are you in 8. ______________________?

A: More or less. I will call you after I have 9. ______________________ the information.

B: Great, 10. ______________________ to you later.

Souverän
in schwierigen Gesprächen

Im Zeitalter von Call Centern, Web-Kommunikation und immer weniger werdendem persönlichem Kontakt muss die persönliche Note noch stärker als bisher über das Telefon vermittelt werden. Ob Sie im Kundendienst einer Firma arbeiten oder in einer anderen Abteilung: Ihre Fähigkeit, Konflikte zu bewältigen und zur beiderseitigen Zufriedenheit zu lösen, spielt eine entscheidende Rolle. Kunden werden zunehmend anspruchsvoller und erwarten, dass ihre Wünsche professionell und prompt erfüllt werden. Wie Sie mit Beschwerden von Kunden umgehen *(dealing with complaints)*, bekommt daher eine immer größere Bedeutung.

2

Wie sag' ich's meinem Anrufer?

Im englischen Sprachraum neigt man dazu, sich in den anderen hineinzuversetzen und sich für Kundenanliegen am Telefon zuständig zu fühlen. Formulierungen wie »What can we do for you today?« sollen dem Kunden das Gefühl geben, willkommen zu sein und Verständnis zu finden. Stellen Sie sicher, dass Ihr Gesprächspartner Ihren proaktiven Ansatz erkennt, indem Sie seine Wünsche und Anliegen vorwegnehmen. Beschwerden sollten Sie ernst nehmen und sofort darauf eingehen, indem Sie Wendungen wie beispielsweise »I am sorry to hear that.« oder »I will get onto that immediately.« benutzen.

Es ist nicht üblich, mit Kunden zu diskutieren, selbst dann nicht, wenn Sie sich im Recht fühlen. Sie brauchen dem Kunden nicht zuzustimmen, sollten aber bedauern, dass ein Problem besteht. In den meisten englischsprachigen Ländern schließt Service auch mit ein, alles mit einem Lächeln zu tun – und dass der Kunde immer Recht hat.

- Hilfreich ist es, wenn Sie sich ENTSCHULDIGEN und VERSTÄNDNIS FÜR DAS PROBLEM zu erkennen geben. Formulierungen wie
  - »Oh, da ist offenbar ein Fehler passiert.« – »Well, there obviously has been a mistake.« und
  - »Bitte entschuldigen Sie die Unannehmlichkeiten.« – »I do apologise for the inconvenience.«

  werden die Situation zumindest entspannen.
- Oft ist es üblich, dem Kunden dafür zu DANKEN, dass er Sie auf eine Sache aufmerksam gemacht und Ihnen die Möglichkeit gegeben hat, die Angelegenheit zu klären. Sätze wie
  - »Danke, dass Sie uns das mitgeteilt haben.« – »Thanks for letting us know about this.« oder
  - »Vielen Dank, dass Sie uns davon in Kenntnis gesetzt haben.« – »Thank you very much for bringing this matter to our attention.«

  geben dem Kunden das Gefühl, dass es richtig war, sich zu beschweren, anstatt sich anderweitig umzusehen.
- Sorgen Sie anschließend dafür, dass etwas UNTERNOMMEN wird, und versichern Sie dem Kunden nochmals ihre Absicht, IN DER SACHE TÄTIG zu werden:
  - »Ich werde dafür sorgen, dass diese Informationen an die richtige Stelle gelangen.« – »I will make sure that this information gets to the right person.«
- Reagieren Sie nicht negativ auf gereizte Kunden. Sehr häufig lassen sie nur Dampf ab, und es ist an Ihnen, die SITUATION UNTER KONTROLLE ZU BEKOMMEN, indem Sie einen klaren Kopf behalten. Eine positive Haltung entspannt die Lage, während emotionale Beteiligung gewöhnlich zu einer Eskalation führt. Bedenken Sie, dass es weitaus schwieriger ist, einen neuen Kunden zu gewinnen als einen alten zu behalten. (→ »Mustersätze für knifflige Situationen am Telefon«, Seite 49)

→ Treffen Sie keine Schuldzuweisungen durch Äußerungen wie »Well, my colleague has obviously made a mistake.«, um die Verantwortung von sich zu schieben. Teamgeist gilt in den meisten englischen und amerikanischen Unternehmen als erstrebenswert – und denken Sie daran: Einen Fehler zu machen, wird im englischsprachigen Geschäftsleben nicht missbilligt.

2

» Your most unhappy customers are your greatest source of learning. «

[Bill Gates | *Gründer und Unternehmenschef von »Microsoft«*]

Mustersätze für knifflige Situationen am Telefon

Wenn sich Anrufer beschweren oder ungehalten werden, helfen Ihnen folgende Formulierungen, auch mit solchen Gesprächssituationen sicher und souverän umzugehen:

Lassen Sie mich der Sache auf den Grund gehen. Ich rufe Sie sofort zurück.
Let me try and get to the bottom of this. I will call you back immediately.

Ich sorge dafür, dass sich sofort jemand darum kümmert.
I'll see to it that this is dealt with at once.

TIPP

Der Kunde ist König

Das Motto »The customer is king.« erfordert neben einem »Lächeln« sowie generellem Verständnis für den Kunden folgende drei Tugenden:

- Look to the future not to the past. (Blick in die Zukunft, nicht zurück.)
- Don't tell me about the problem, present a solution. (Präsentiere eine Lösung, anstatt auf dem Problem herumzureiten.)
- Save the customer's face – within reason. (Bemühe dich möglichst, dass der Kunde sein Gesicht wahrt.)

Das haben wir gleich geklärt.
We will have this sorted in one minute.

Ich will versuchen, das sofort für Sie zu klären.
Let me try to sort this out for you immediately.

Lassen Sie mich eben nachprüfen, wo bei der Bearbeitung die Verzögerung aufgetreten ist.
Let me just check where the delay in processing occurred.

Könnten Sie bitte dranbleiben, bis ich herausgefunden habe, wer für diesen Bereich zuständig ist?
Could I ask you to hold till I find out who is responsible for your area?

Beschwerdemanagement (Beispieldialog)

Ein vorbildlich geführtes Gespräch mit einem Kunden, der ein Problem hat, könnte im Englischen wie folgt aussehen. »A« ist der Kunde und »B« der Mitarbeiter des Unternehmens.

A: Good morning. My name is John Stokes from Stokes & Sons. I am calling to inquire about our order which should have arrived two days ago.

B: Good morning, Mr Stokes. Thank you for calling. I am sorry to hear that you have been inconvenienced. *(Es tut mir Leid, dass Sie Unannehmlichkeiten hatten.)* Do you happen to have your order number at hand? *(Haben Sie Ihre Bestellnummer zur Hand?)*

A: No, I don't, I was rather expecting you to deliver information, not the other way round. *(Gereizte, unlogische, aber verständlicherweise emotionale Antwort.)*

B: Yes, of course you are right. Let me see, if you could just give me the delivery address and then I will be able to trace your order *(Auftrag verfolgen)* in our system.

A: It's XYZ, New Jersey.

B: One moment, please. If you could just bear with me *(wenn Sie sich bitte einen Moment gedulden könnten)* while the system locates you here. Ah yes. I can understand your position. The goods could have been delivered on Tuesday as you said. Before I explain to you what went wrong, let me just assure you that you will receive an express delivery within the next two hours.

A: Well, that does help of course. Thank you, but why did you not inform us of the delay if you can so clearly see it in your system there? *(Leicht sarkastisch, aber ein wenig beschwichtigt, da eine Lösung angeboten wurde.)*

B: The terms of delivery *(Lieferbedingungen)* in your case are subject to three days variation prior to or following the date specified *(sehen Abweichungen von drei Tagen vor oder nach dem angegebenen Datum vor)*. This depends on the availability of the goods. I am sorry if that was not made clear to you during the contract negotiations *(Vertragsverhandlungen)*. These important details sometimes are not stressed enough. I do hope that the express delivery today will help you out.

A: Okay, does that mean I can expect someone over in the next two hours?

B: Absolutely. My name is Tom Myers, please get onto me if you have any further queries *(Fragen)*. And thank you again for calling us so quickly.

Die Telefonkonferenz – Alles im Griff

Über Strategie und Planung wird häufig am Telefon diskutiert. Dabei sind Fertigkeiten im Abhalten von Telefonkonferenzen *(telephone conference skills)* von entscheidender Bedeutung.

Die Teilnehmer einer Telefonkonferenz können sich überall auf der Welt befinden, daher ist es wichtig, eine Zeit zu wählen, die für alle Beteiligten machbar ist. Der besondere Vorteil von Telefonkonferenzen ist, dass sie sehr direkt und effizient sein und dadurch Zeit und Kosten sparen können.

Damit das »Meeting« effektiv ist, muss es gut organisiert sein, und die Beteiligten müssen etwas Erfahrung haben, um sich richtig zu verhalten. Wesentliche Punkte sind gutes Zuhören *(good listening behaviour)*, klare Sprache und präzise Ausdrucksweise. Sehr wichtig ist, dass Sie sich nicht in Monologen oder langen, gewundenen Sätzen verlieren, die im Grunde zu nichts führen.

Professionelle Kommunikation während einer Telefonkonferenz verlangt: klare Ziele, eine sachliche Sprache, eine präzise Informationsübermittlung, eine übersichtliche Struktur und die eindeutige Zuordnung von Verantwortlichkeiten. Gute Moderationsfähigkeiten sind ein gewichtiger Pluspunkt, um die Richtung zu bestimmen, in die das Gespräch gehen soll.

Die »Tagesordnung« für eine Telefonkonferenz

Damit eine Telefonkonferenz reibungslos vonstatten gehen kann, benötigt man, genauso wie für ein normales Meeting, eine Tagesordnung beziehungsweise ein Gesprächsprogramm *(agenda)*. Um eine Telefonkonferenz vorzubereiten, können Sie sich an dem folgenden Beispiel für ein Gesprächsprogramm orientieren. Sie finden dahinter die entsprechenden englischen Vokabeln, um dann im Gespräch die jeweiligen Punkte für Ihren englischen/amerikanischen Gesprächspartner anzumoderieren.

Für Telefonkonferenzen können Sie außerdem die Vokabeln und Mustersätze für Meetings aus Kapitel 4 verwenden (→ »Seine Meinung sagen«, Seite 116; »Darf ich offen sprechen …?, Seite 117; »In einem Meeting etwas klarstellen«, Seite 120).

1. VORSTELLUNG der einzelnen Teilnehmer. *(Introduction of participants.)*
2. JEDER TEILNEHMER stellt kurz seine Meinung zum Thema vor. *(Each participant briefly presents his/her opinion on the subject.)*
3. DER MODERATOR oder Vorsitzende legt seine/ihre Meinung dar. *(The moderator or Chair states his/her opinion.)*
4. MIT HILFE DER MODERATION kann eine unstrukturierte Runde das heißt freie Diskussion stattfinden. *(An »unstructured round« i. e. free discussion can take place under moderation.)*
5. EINE GEMEINSAME ENTSCHEIDUNG wird getroffen, oder es wird über einen Maßnahmenplan abgestimmt. *(A consensus decision is taken or action plan decided by vote.)*
6. SONSTIGE PUNKTE – an dieser Stelle können einige Teilnehmer auflegen, da sie diese Themen nicht betreffen. *(Any other business – at this point some participants may ring off.)*
7. VERABSCHIEDUNG und Schluss. *(Close.)*

Formvollendet schriftlich kommunizieren

3

→ Sie sollen bei einem amerikanischen Unternehmen dringend etwas bestellen – doch wie formuliert man bloß einen Auftrag auf Englisch? Für diesen und viele weitere Anlässe finden Sie in diesem Kapitel alles, was Sie zur gekonnten schriftlichen Kommunikation brauchen. Zahlreiche Mustervorlagen zeigen Ihnen ganz praktisch, wie's geht.

Brief, Fax und Memo –
Eine Frage des Stils

Englisch ist die in der Geschäftskorrespondenz weltweit am häufigsten verwendete Sprache. Da sie in so vielen verschiedenen Ländern verwendet wird, lassen sich schwer feste Regeln aufstellen, nach denen Briefe, Faxe oder Memos abzufassen sind. Der persönliche Stil des Verfassers und die Gepflogenheiten im Unternehmen spielen ebenfalls eine große Rolle. Dennoch ist eine gewisse Standardisierung nützlich, um im weltweiten Geschäftsverkehr das gegenseitige Verständnis zu erleichtern. Aus diesem Grund werden hier die am häufigsten zu findenden Formate vorgestellt.

Zwischen Korrespondenz in amerikanischem und britischem Englisch gibt es einige formale Unterschiede; so ist eine weniger strikte Zeichensetzung (kein Komma nach Schlussformeln, in Daten etc.) eher in Großbritannien üblich. Auch bezüglich der Gruß- und Schlussformeln gibt es Besonderheiten, das amerikanische »Cordially« ist zum Beispiel in Großbritannien unüblich (siehe Tabelle auf der nächsten Doppelseite). Wichtig ist vor allem, dass Sie in Ihren Briefen nicht zwischen den beiden Varianten hin und her springen. Ob britisches oder amerikanisches Englisch gewählt wird, ist letztlich unerheblich, nur sollte auch hier die Schreibweise möglichst einheitlich sein.

Practice makes perfect.

[Britisches Sprichwort]

Gruß- und Schlussformeln

→ Die folgende Tabelle enthält die gebräuchlichsten englischen Gruß- und Schlussformeln *(salutation/complimentary close)* für geschäftliche Korrespondenz. Nach der Anrede steht entweder ein Komma (UK) oder ein Doppelpunkt (US), eine Grußformel ohne Satzzeichen ist aber auch annehmbar. Nach der Schlussformel steht im amerikanischen Englisch ein Komma.

UK	**Grußformeln**	**Schlussformeln**
1. Wenn Sie den Namen nicht wissen	Dear Sir/Madam, Dear Sir or Madam, Dear Sirs,	Yours faithfully *Standardschlussformel, etwa wie »Hochachtungsvoll/»Mit freundlichen Empfehlungen«.*
2. Wenn Sie den Namen wissen	Dear Mr White, Dear Ms Green, Dear Mrs Brown, Dear Miss Black, *Im britischen Englisch werden die Anrede-Abkürzungen ohne Punkt geschrieben. Der Plural zu »Mr« ist »Messrs«* → *»Mr und Ms – Die Anrede«, S. 13.*	Yours sincerely *Standardschlussformel, etwa wie das deutsche »Mit freundlichen Grüßen«.*
3. Wenn Sie Personen schreiben, die Sie mit Vornamen anreden	Dear John, Dear Carole,	With best regards Best regards Kind regards Regards Best wishes Very best wishes *Weniger förmliche Schlussformeln, etwa wie das deutsche »Mit herzlichen Grüßen«.*

	Grußformeln	Schlussformeln
US		
1. Wenn Sie den Namen nicht wissen	Ladies and Gentlemen: Gentlemen and Ladies: To Whom It May Concern:	Sincerely, Sincerely yours, Yours truly, Very truly yours, *Standardschlussformeln, etwa wie das deutsche »Mit freundlichen Grüßen«/»Mit freundlichen Empfehlungen«.*
2. Wenn Sie den Namen wissen	Dear Mr. Smith: Dear Ms. Walton: Dear Mrs. Farlow: *Im amerikanischen Englisch werden die Anrede-Abkürzungen mit Punkt geschrieben.* *→ »Mr und Ms – Die Anrede«, S. 13.*	Sincerely, Sincerely yours, Standardschlussformeln, etwa wie das deutsche »Mit freundlichen Grüßen«.
3. Wenn Sie Personen schreiben, die Sie mit Vornamen anreden	Dear John: Dear Kate:	Cordially, Sincerely, Sincerely yours, *Weniger förmliche Schlussformeln, etwa wie das deutsche »Mit herzlichen Grüßen«.*
UK/US		
Wenn Sie unsicher sind, ob Sie Vor- oder Nachnamen nehmen sollen, oder falls unklar ist, ob der Empfänger männlich oder weiblich ist	Dear Kyle McLaughlin, (UK) Dear Kyle McLaughlin: (US)	Yours sincerely (UK) Sincerely yours,/ Sincerely, (US)

3

Briefanfänge – So gelingt der Start

Ein Brief, ein Fax oder eine E-Mail sollte stets in freundlichem Ton begonnen – und natürlich auch beendet – werden. Die folgenden Anfänge *(openings)* verhelfen Ihnen sicherlich zu einem guten Start. Man beginnt nach der Anrede übrigens stets mit einem Großbuchstaben *(capital letter)*.

Wir danken Ihnen für Ihren Brief vom…
Thank you for your letter received on…

Wir waren erfreut, Ihren Brief vom… zu erhalten.
We were pleased to receive your letter of…

Als Erstes möchte ich mich dafür entschuldigen, dass die Beantwortung Ihres Briefes so lange gedauert hat.
At first I must apologise (UK)/apologize (US) for the long delay in answering your letter.

Bezug nehmend auf unser Telefongespräch am 15. Juli erhalten Sie unsere Broschüre zu Ihrer Information.
Referring to our telephone conversation of July 15, we are enclosing our brochure for your attention.

Danke für Ihre Anfrage vom 7. Januar. Anbei erhalten Sie wie gewünscht unsere Preisliste.
Thank you for your enquiry (UK)/inquiry (US) of January 7. We are pleased to attach our price list as requested.

Bitte senden Sie mir Informationen über…
Could you please send me information about…

Ich schreibe Ihnen, um mich nach… zu erkundigen.
I am writing to enquire (UK)/inquire (US) about…

ÜBUNG

Fill in the Gaps

In dieser Übung geht es um nützliche Schlusssätze *(closings)*. Testen Sie Ihre Fähigkeiten, indem Sie die richtige Wendung in die Lücke einsetzen. Die Lösungen finden Sie auf Seite 125.

a. further, b. meet with your approval, c. require, d. matter, e. look forward to, f. convenient for, g. shortly

1. Wir freuen uns darauf, in Kürze von Ihnen zu hören.
   We look forward to hearing from you ____________________.
2. Wir hoffen, dass Sie damit einverstanden sind.
   We trust the above will ____________________.
3. Wir hoffen, dass Ihnen dieser Termin recht ist.
   We hope this date is ____________________ you/suits you.
4. Sollten Sie weitere Informationen benötigen, wenden Sie sich an uns.
   Should you ____________________ further information then do get in touch with us.
5. Herr Brown beantwortet Ihnen gern weitere Fragen.
   Mr Brown will be happy to answer any ____________________ questions you may have.
6. Ich werde Sie nächste Woche anrufen, um das Weitere (diese Angelegenheit) mit Ihnen zu besprechen.
   I will call you next week to discuss this ____________________ further.
7. Wir freuen uns auf die Zusammenarbeit mit Ihnen.
   We ____________________ doing business with you.

MUSTER

Brief (UK)

→ Der folgende Brief entspricht dem in Großbritannien üblichen Layout. Es gibt keine Standardfassung für den Briefkopf; die meisten Firmen verwenden ihr eigenes, frei gestaltetes Briefpapier.

Campaigns Ltd — *letterhead*
32 Darwin Rd.
Devauden
Chepstow NP16 6NN
UK
Tel +44 (0) 1291 640 469
Fax +44 (0) 1291 640 468
e-mail maddie@campaigns.co.uk
www.campaigns.co.uk

MS/CR — *reference initials*
12 March 200X — *date*

Messrs Stokes and Forth — *inside address*
Stokes Chartered Accountants
3405 Regency St.
London N19

Attention: Mr Steve Long, Purchasing Department — *attention line*

Dear Mr Long,

Re: Your order of 27 February 200X for business cards — *subject line*

Thank you for the above-mentioned order which we are currently processing. We will be sending your business cards within the next three days. Please find enclosed a sample card.

We hope that you will be satisfied with the delivery. We look forward to continuing to do business with you.

Yours sincerely

Maddie Sullivan

Maddie Sullivan — *signature*
Customer Relations Coordinator
Campaigns Ltd

Enc — *enclosure*
Sample card

Cc John Darling, Account Manager — *carbon copy*

Brief (US)

→ Der folgende Brief entspricht dem in den USA üblichen Layout. Es gibt keine Standardfassung für den Briefkopf; die meisten Firmen verwenden ihr eigenes, frei gestaltetes Briefpapier.

Campaigns Inc. —— *letterhead*
569 Lexington Ave
New York
NY 10022
USA
Tel +1 (0) 212 535 7712
Fax +1 (0) 212 535 7713
e-mail jake@campaigns.com
www.campaigns.com

March 12, 200X —— *date*

Mr. Jack Bertolini —— *inside address*
U-2 Communications Corp.
3405 Paul Street
Reno, NV 89509
USA

Re: Your order of March 15, 200X —— *subject line*

Dear Mr. Bertolini:

Thank you for the above-mentioned order which we are currently processing. We will be sending your business cards within the next three days. Please find enclosed a sample card.

We hope that you will be satisfied with the delivery. We look forward to continuing to do business with you.

Sincerely,

Jake Sullivan

Jake Sullivan —— *signature*
Account Manager
Campaigns Inc.

Enc: Sample Card —— *enclosure*

Cc: Tad Dunlop, Account Manager —— *carbon copy*

3

Der Geschäftsbrief – Step by step

Hier finden Sie alle wichtigen Punkte der beiden vorigen Musterbriefe Schritt für Schritt erklärt – vom Briefkopf bis zum Durchschlag.

Briefkopf (letterhead)

Es gibt kein Standardformat für den Briefkopf, vorgedrucktes Papier ist üblich.

Bezugnahme (reference)

Die Initialen *(initials)* des UNTERZEICHNERS werden gewöhnlich zuerst angegeben. Sonstige Bezugnahmen (z. B. Aktenzeichen) können separat oder hinter den Initialen angegeben werden: MS/CR/f05. In einigen Fällen muss das Geschäfts- oder Aktenzeichen des EMPFÄNGERS *(recipient)* angegeben werden, dies kann wie folgt geschehen:

→ Your ref. JS/f2
→ Our ref. MS/CR

Datum (date)

Englische Briefe sind gewöhnlich im »block-style« verfasst, das heißt durchgehend linksbündig, inklusive des Datums. Am besten ist es, den Monat auszuschreiben, da Daten in den USA in der Reihenfolge Monat/Tag/Jahr geschrieben werden, während die europäische Schreibweise, einschließlich der britischen, Tag/Monat/Jahr ist. Bei Daten, die ausschließlich aus Zahlen bestehen, kann es daher schnell zu Missverständnissen kommen. Beispiel: der »01. 12. 2006« ist der

→ 1. Dezember 2006 in Großbritannien/Europa
→ 12. Januar 2006 in den USA und Kanada

Folgende Datumsformen sind gängige Praxis und führen weniger zu Verwirrung als die Angabe der Monate in Zahlen:

- 28 March 2006 (eher UK)
- March 28, 2006 (eher US)

Empfängeradresse (inside address)

Im Englischen steht die Hausnummer stets vor dem Straßennamen. Die Postleitzahl *(postcode, UK/zip code, US)* steht hinter der Ortsangabe. In Großbritannien steht sie in der gleichen Zeile wie der Ort, in den USA ebenfalls oder in einer eigenen Zeile darunter.

Empfänger (attention line)

Für die Empfängerzeile gibt es drei verschiedene Möglichkeiten:

- Attention: Mr Steve Long, Purchasing Department
- Attn. Mr Steve Long, Purchasing Department
- For the attention of Mr Steve Long, Purchasing Department

Sie können diese Zeile auch in Großbuchstaben schreiben *(to capitalise, UK/to capitalize, US)* oder sie unterstreichen *(to underline)*.

Betreff (subject line)

In Großbritannien kommt die Betreffzeile *nach* der Grußzeile, in den USA *davor*. Im Sinne von »Betrifft« kann jeweils davor stehen:

- Re: Your offer dated 12 May 2006
- Subj.: Your offer dated 12 May 2006
- Subject: Your offer dated 12 May 2006

Unterschrift (signature)

Zur Briefunterschrift gehören:

- die Unterschrift
- der Name des Unterzeichners und, wenn es sich um eine Frau handelt, die bevorzugte Anrede (Mrs, Ms)
- die Position des Unterzeichners im Unternehmen

- Als ERSTER oder LETZTER Eintrag: der Name der Firma, von der der Brief stammt

Anlage und Durchschlag (enclosure & carbon copy)

Wenn Sie Ihrem Schreiben eine Anlage beilegen oder einen Durchschlag anzeigen möchten, verwenden Sie die jeweiligen Abkürzungen nach folgendem Schema:

UK	US
Enc 1 Contract	Enc: 1 Contract
Encs 2 Contracts	Encs: 2 Contracts
Cc (auch mit Doppelpunkt möglich)	Cc:

Ein Fax senden

Für die Form eines englischen Geschäftsfaxes gibt es keine festen Regeln. Die meisten Unternehmen haben ihre eigenen, individuellen Vorlagen. Folgende Informationen sollten jedoch unbedingt vorhanden und gut lesbar sein. Ergänzend können Sie auch Felder zum Ankreuzen in Ihre Faxvorlage integrieren.

- FAO: For the attention of (Zu Händen von)
- Fax No.: »No.« (oder auch »no.«) ist die Abkürzung für »Nummer«; im amerikanischen Englisch wird anstatt »Nummer« auch häufig das Zeichen # verwendet
- From: Von (Absender mit allen relevanten Kontaktangaben)
- No. of pages/Total pages: Anzahl der Seiten
- Subject: Betreffzeile

Fax

→ Dieses Fax-Beispiel enthält alle in einem Standardfax erforderlichen Angaben. Es ist in britischem Englisch verfasst, die Form hat jedoch generell Gültigkeit.

Telefax

FAO: Jack Miller **Fax No.:** +49 (0) 8153 916 102

From: Jane Philipps
Campaigns Ltd
372 New Edinburgh Road
Belshill
Glasgow ML4 3HH
UK
Tel +44 (0) 7814 502 332
Fax +44 (0) 7814 502 333
e-mail jane@campaigns.co.uk

Date: 21.07.200X

Subject: Feedback Forms **Total Pages:** 4

Cc:

☐ Urgent ☐ Please process ☐ FYI ☐ To be returned

Dear Jack,

We are attaching the feedback forms as requested. If you have any questions please let us know. You can reach us until 6.00 pm this evening. Good luck with the meeting.

Kind regards

Jane Philipps

Jane Philipps

Schriftliche Bewerbung

Ein englischer Bewerbungsbrief *(letter of application)* entspricht inhaltlich im Grunde denselben Richtlinien wie ein deutscher. Geben Sie in der Betreffzeile an, wo Sie gegebenenfalls die Stellenausschreibung gelesen haben und für welchen Posten Sie sich bewerben. In englischsprachigen Ländern ist es üblich, ein, zwei Personen als Referenz *(reference)* anzugeben. Dies kann beispielsweise ein ehemaliger Uni-Professor sein oder jemand, der während einer vorherigen Anstellung Ihr Vorgesetzter war und über Ihre Qualifikation als Bewerber (sowohl in beruflicher als auch menschlicher Hinsicht) Auskunft geben kann.

Lassen Sie sich von den folgenden Formulierungshilfen für Ihr Bewerbungsschreiben inspirieren.

Ich möchte mich um die Stelle als Büroassistentin bewerben, die Sie im »Weekly Standard« vom 19. Mai ausgeschrieben haben.
I wish to apply for the post of office assistant which you advertised in the »Weekly Standard« on 19 May.

Ich beziehe mich auf Ihre Stellenanzeige vom 13. Juni in der »Süddeutschen Zeitung« und möchte Sie bitten, mir nähere Angaben über die Stelle zuzusenden.
I refer to your advertisement in the »Süddeutsche Zeitung« from June 13, and I would be grateful if you would send me further details of this position.

Ich verfüge über/Ich habe fünf Jahre Büroerfahrung und bin mit MS Office vertraut.
I have five years' experience in office work and am familiar with MS Office.

Auf Wunsch kann ich Ihnen jederzeit Zeugnisse meiner früheren Arbeitgeber vorlegen.

I would be happy to supply references from my previous employers, on request.

Ich bin seit fünf Jahren in ungekündigter Stellung als Leiterin der Fertigung in einem Spitzenunternehmen der Chemiebranche tätig und möchte mich verändern.
For the past five years I have been working as head of production in a leading company in the field of chemistry. I am under no pressure to leave, but I would welcome a change.

Ich könnte diese Stelle im Juni 200X antreten./Ich könnte Ihnen ab Juni 200X zur Verfügung stehen.
I shall be available from June, 200X.

Zurzeit verdiene ich XYZ im Jahr und habe einen jährlichen Anspruch auf 6 Wochen bezahlten Urlaub.
My present salary is XYZ per annum, and I have 6 weeks paid holiday per year.

Ich interessiere mich ganz besonders für diese Stelle, weil ich sehr gerne im Personalwesen arbeiten möchte.
I am particularly interested in this job, as I am very keen to work in Human Resources.

Italienisch ist meine Muttersprache, ich spreche fließend Deutsch und habe gute Grundkenntnisse in Französisch.
Italian is my first language; I speak fluent German and have some knowledge of French.

Vielen Dank für Ihr Schreiben vom 19. September. Ich komme gern am Donnerstag, dem 27. September, um 10.30 Uhr zu einem Vorstellungsgespräch.
Thank you for your letter of 19 September. I shall be delighted to attend an interview on Thursday, 27 September, at 10.30 am.

Bewerbung

→ Dieser Musterbrief ist in britischem Englisch verfasst, die Form hat aber generell Gültigkeit.

Kay Stokes
4 Cambridge Road
Hitchin, Herfordshire SG4 1AY
UK

20 January 200X

Ms Jane Williams
Human Resources Officer
Freyers Medical Equipment
10 Manchester Road
Knutsford, Cheshire WA16 OSX
UK

Dear Ms Williams,

Your Advertisement in the Guardian for the Post of European Service Administrator

I am writing with reference to the above-mentioned advertisement and am very interested in applying for the vacancy *(Stelle)* advertised.

I am currently *(zurzeit)* employed as a service administration clerk at Harkness & Co Ltd. in Hitchin and have been in this position for five years. Although I am successful in my current position I would like to work for a company at which I would be able to put my language skills *(Sprachkenntnisse)* to good use. As you can see from the enclosed CV, I speak French, Italian and Spanish.

I feel sure that the position offered will provide the challenge I am looking for and would therefore be most grateful if you could consider my application.

I am available for interview at short notice.

I enclose my CV and copies of my qualifications. Should you require a reference, Ms Dora Bates, General Manager at the Eastern Clinic, will be pleased to provide you with any information you may need.

I look forward to hearing from you at your earliest convenience.

Yours sincerely

Kay Stokes

Kay Stokes (Ms)

Encs
CV
Certificates

Der Lebenslauf

Ein englischer Lebenslauf *(CV = Curriculum Vitae, UK/résumé, US)* enthält wie ein deutscher Informationen über den beruflichen und persönlichen Werdegang eines Bewerbers unter getrennten Überschriften. Normalerweise wird er in tabellarischer Form geschrieben, weder datiert noch unterschrieben. Angaben zur Grundschulausbildung brauchen nicht gemacht zu werden, es sei denn, sie sind von besonderer Bedeutung, beispielsweise bei Zweisprachigkeit. Die ausgeübten Tätigkeiten werden üblicherweise in chronologisch umgekehrter Reihenfolge aufgelistet, da die letzten Stationen am relevantesten sind. In Großbritannien werden Lebensläufe zum Teil mit Foto verschickt, in den USA nicht unbedingt.

Sie können in Ihrem Lebenslauf einen Absatz »Berufliche Ziele« *(objectives)* einfügen, in dem Sie kurz angeben, welches Ziel Sie in der nahen Zukunft haben. In dem Abschnitt, in dem Ihre Arbeitsverhältnisse aufgeführt sind, sollten Sie gegebenenfalls auch besondere Leistungen oder Verdienste angeben.

Folgende Informationen sollte Ihr Lebenslauf enthalten (* = gegebenenfalls):

1 PERSONAL INFORMATION (Persönliche Angaben)

→ Name (Name)
→ Address (Adresse; inkl. Tel./Faxnummer etc.)
→ Date of Birth (Geburtsdatum; wird in US nicht unbedingt angegeben)
→ Place of Birth (Geburtsort; wird in US nicht unbedingt angegeben)
→ Nationality (Nationalität)
→ Marital Status (Familienstand)
→ Driving Licence/s (Führerschein/e)*

2 OBJECTIVES (Ziele)*

3

3 **EDUCATION AND QUALIFICATIONS** *(Ausbildung und Qualifikationen)*

- Primary (UK)/Elementary (US) education – Grundschulausbildung*
- Secondary school (UK)/High school (US) – weiterführende Schulausbildung
- Higher education/University – höhere Ausbildung/Universität
- Vocational training courses – Berufsbildungskurse

4 **PROFESSIONAL EXPERIENCE/WORK EXPERIENCE/EMPLOYMENT** – *Berufserfahrung/Arbeitsverhältnisse*

- Companies – Firmen; Temporary work: Zeitarbeit, Permanent work: Festanstellung
- Positions – Positionen
- Achievements – Leistungen
- Community Work – Gemeinnützige Arbeit
- Military Service – Militärdienst*

5 **OTHER SKILLS AND EXPERIENCE** – *Sonstige Fertigkeiten und Erfahrungen*

- Languages – Sprachkenntnisse
- Computer skills – Computerkenntnisse
- Interests – Interessen

6 **REFERENCES** – *Referenzen*

Das Memo

Ein Memo ist eine Kurzform von schriftlicher Kommunikation, die innerhalb des Unternehmens verteilt wird. Im Zeitlater von E-Mails ist seine Verwendung jedoch erheblich zurückgegangen. Da es nur für interne Zwecke gedacht ist, braucht ein Memo weder Adresse noch Telefon- und Faxnummer etc. der Firma zu tragen. Ein Memo enthält für gewöhnlich keine Begrüßungs- oder Schlussformel. Es braucht auch nicht unterschrieben zu sein, ein Kürzel reicht.

Memo

→ In diesem Muster-Memo setzt der Vertriebsleiter die gesamte Belegschaft der Filliale über ein geplantes Verkaufstraining in Kenntnis.

Memorandum

To: All members of staff, Southern Branch
From: JP
Date: 15 March
Re: Sales Training Programme

As you know, we introduced Sales Training in the Northern Branch last October. We have received very positive feedback from your colleagues and the management concerning the programme. The recent sales figures *(Verkaufszahlen)* also indicate that the direct impact *(sofortige/direkte Auswirkung)* on our sales performance has also been beneficial (von Vorteil). Therefore we plan to roll-out *(einführen, ausdehnen)* this programme in the Southern Branch in the 2nd quarter of this year.
We will advise you of the appointments in good time (rechtzeitig). Please speak directly to your line leader *(Vorgesetzter)* if you have any queries about the programme. They will be very happy to send you content details.
Thank you for your interest.

JP

Satzzeichen
und Abkürzungen

Die Zeichensetzung *(punctuation)* beeinflusst den Eindruck, den Ihre Korrespondenz macht, ganz erheblich. Im Folgenden haben wir die wichtigsten britischen und amerikanischen Regeln zu Satzzeichen, Abkürzungen & Co. zusammengestellt.

Setzen oder nicht? – Das Komma

Die englischen Kommaregeln sind, verglichen mit der deutschen Sprache, längst nicht so strikt, es werden im Allgemeinen auch etwas weniger Kommas gesetzt. Das Komma *(comma)* unterteilt die Satzelemente in leichter erfassbare Einheiten.

1 Verwenden Sie Kommas, um gleichrangige Sätze oder Wortgruppen zu trennen, wenn sie durch eine der folgenden sechs Konjunktionen verbunden sind: *»but«, »for«, »or«, »nor«, »so«, »yet«*. Zum Beispiel:
I am under no pressure to leave, but I would welcome a change.
Abhängig vom Stil des Schreibers und der gewünschten Betonung kann auch vor *»and«* ein Komma gesetzt werden. Der Satz »It is still an interesting offer, and I intend to take you up on it.« wäre auch ohne Komma korrekt. Mit Komma wird der zweite Teil betont, während ohne Komma die Betonung auf »still« statt auf »and« liegen würde.
Es wäre falsch, nach einem Hauptsatz ein Komma zu setzen, wenn ein Nebensatz folgt. Der Satz »We didn't circulate (verteilen) the report, because it hadn't been edited (redigieren).« wäre also – wie hier geschehen – mit Komma falsch geschrieben.

2 Nach allgemeinen einleitenden Wendungen oder einzelnen Wörtern *(z. B. yes, however, well)* folgt ein Komma. Zum Beispiel:

→ Having launched *(einführen)* the new product, we anticipate *(erwarten)* a rapid increase in sales.

→ Well, we intend calling off *(absagen)* the meeting.

3 Setzen Sie Satzteile, Wendungen, Gedanken usw., die für die Bedeutung des Satzes nicht wesentlich sind, in Kommas. Zum Beispiel:

→ If we do not attend *(besuchen)* the fair, or indeed exhibit *(ausstellen)* at the fair, will it make any difference?

→ I generally appreciate your efforts; in this case, however, you have gone over the top *(übertrieben)*.

4 Im Gegensatz zum Deutschen wird vor einem Nebensatz, der mit *»that«, »who«, »where«* etc. beginnt, *kein* Komma gesetzt. Zum Beispiel:

→ The conference centre (UK)/center (US) that hosts *(als Gastgeber betreuen, bewirten)* our annual meeting is closed for renovation work.

5 Trennen Sie Aufzählungen, die aus drei oder mehr Wörtern oder Wendungen bestehen, durch Kommas. Zum Beispiel:

→ The works council *(Betriebsrat)* meets monthly to discuss new management initiatives, human resources issues *(Personalfragen)*, employee related policies *(mitarbeiterrelevante Themen)* and current developments in the labour (UK)/labor (US) market *(Arbeitsmarkt)*.

6 Heben Sie die Adresse (ausgenommen Hausnummer und Straßenname), Datumsbestandteile (ausgenommen Monat und Tag) und Namensbezeichnungen durch Kommas ab. Zum Beispiel:

→ Washington, DC./Glasgow, Strathclyde

→ July 25, 1959 (US)

→ John Summers, Managing Director, will be the chief speaker.

Right or Wrong

Testen Sie in der folgenden Übung Ihre «Kommafertigkeiten«. Welche Alternative ist richtig, mit oder ohne Komma? Die Antworten finden Sie auf Seite 125.

1. a. Professor Benson, Director of the committee, will be taking us through the programme (UK)/program (US).
   b. Professor Benson Director of the committee will be taking us through the programme.

2. a. Our sales team in Toronto, is responsible for North American contracts.
   b. Our sales team in Toronto is responsible for North American contracts.

3. a. After going over the agenda, we decided to extend the meeting into the afternoon.
   b. After going over the agenda we decided to extend the meeting into the afternoon.

4. a. It is up to you, Peter, to amend the contract.
   b. It is up to you Peter to amend the contract.

5. a. I believe that, she is accountable for quality control.
   b. I believe that she is accountable for quality control.

Der Apostroph

Das Apostroph *(apostrophe)* dient zwei Zwecken:

1. Zur Bildung des Genitivs von Substantiven, zum Beispiel:
   - Singular: the chairman's opening remarks (die einleitenden Bemerkungen des Vorsitzenden)
   - Plural: two department heads' reports (Berichte von zwei Abteilungsleitern)
2. Um die Auslassung von Buchstaben anzuzeigen, zum Beispiel: could've (could have), shouldn't (should not)

Das Semikolon

Ein Semikolon *(semicolon)* wird meistens verwendet, um miteinander in Zusammenhang stehende selbstständige Satzteile zu verbinden. Sie können auch Punkte in einer Aufzählung mit einem Semikolon trennen, wenn die einzelnen Elemente Kommas enthalten. Zum Beispiel: Members of the committee include Dr. Ray Smith, CEO; John Bolan, CFO; Pat Stalker, Sales Director; and Lee Haswell, Director R&D.

Der Doppelpunkt

Setzen Sie einen Doppelpunkt *(colon)* nach einer abgeschlossenen Aussage, um ein oder mehrere direkt damit in Zusammenhang stehende Gedanken einzuleiten, beispielsweise eine Reihe von Anweisungen, eine Auflistung, ein Zitat oder einen sonstigen Kommentar, der die Aussage verdeutlicht oder erklärt. Zum Beispiel: The report comprises *(beinhalten)* four major areas: last year's sales figures, impact of advertising *(Werbewirkung)* on sales, planned campaigns for this year and forecast sales figures *(angestrebte Verkaufszahlen)* for next year.

Häufige Abkürzungen

Abkürzungen *(abbreviations)* sind auch in der englischen Geschäftskorrespondenz üblich. Die gebräuchlichsten finden Sie hier auf einen Blick.

ASAP; asap = as soon as possible; so bald wie möglich (in E-Mails, aber nicht in offiziellen Schreiben als Abkürzung zu verwenden)

attn = for the attention of; zu Händen (am Anfang von Faxen oder Briefen zu verwenden, um anzuzeigen, an wen diese gerichtet sind)

Cc = carbon copy; Durchschlag

c/o = care of; bei

e.g. = for example (exempli gratia = als Beispiel); zum Beispiel

enc. = enclosure (Plural: encs. = enclosures; auch möglich: encl. = enclosed); Anlage

etc. = etc., usw.

fyi = for your information; zu Ihrer Information/Kenntnisnahme (in formlosen E-Mails unter Kollegen verwendet)

i.e. = that is (id est); das heißt, anders ausgedrückt

pp = through the agency of (per procurationem); i. A., im Auftrag (vor der Unterschrift in einem Brief/Fax verwendet, wenn der Unterzeichner nicht der Absender ist)

ps = P.S.

re = about; betrifft, betreffend, in Sachen (in offiziellen Schreiben als erstes Wort in der Betreffzeile verwendet, z. B.: »Re: Your order XYZ«)

Textbausteine für jeden Anlass

In diesem Unterkapitel haben wir für Sie anhand von Beispielsätzen die nützlichsten Formulierungen für die schriftliche Korrespondenz zu verschiedenen Anlässen zusammengestellt.

»Bitte senden Sie mir...«

Die folgenden Mustersätze können Sie in Briefen, Faxen und E-Mails verwenden, wenn Sie nach etwas anfragen möchten *(making a request or enquiry, UK/inquiry, US)*.

Wir benötigen (dringend) folgende Informationen: ...
We require the following information (urgently): ...

Wir würden uns freuen, so bald wie möglich Ihre neueste Broschüre und Ihre aktuelle Preisliste zu erhalten.
We would be grateful if you could supply us with your most recent brochure and your current price list at your earliest possible convenience.

Bitte senden Sie uns Verkaufsliteratur über ...
Please send us some sales literature on ...

Könnten Sie uns bitte die folgenden Daten mitteilen:
– Frühestmöglicher Liefertermin für 200 JPX, wie in Ihrem Winterkatalog aufgeführt
– Einzelheiten zu Ihren günstigsten Liefer- und Zahlungsbedingungen
– Mindestmenge, die für eine Probelieferung von JPY benötigt wird

FALSE FRIEND

chef/chief

Sie meinen: Er ist mein ***Chef****. Im Englischen: »He is my* ***boss****.«*
Viele Deutsche benutzen die Ausdrücke »chef« oder »chief«. Doch »chef« heißt »Küchenchef« oder »Koch«, und »chief« bedeutet – als Substantiv verwendet – »(Indianer-)Häuptling«. »Chief« als Adjektiv (im Sinne von »leitender«, »erster« oder auch »Haupt-…«) ist dagegen korrekt und völlig gebräuchlich, z. B. »chief accountant«, »chief engineer« etc.

Could you please provide us with the following data:
– Earliest delivery date for 200 JPX as listed in your winter catalogue
– Details of your most favourable terms of delivery and payment
– The minimum quantity required for a trial delivery/shipment of JPY

Für die Zusendung Ihres neuesten Katalogs mit einigen Mustern Ihrer Waren wären wir sehr dankbar.
We would appreciate if you would provide us with your latest catalogue together with some samples of your goods.

Bitte informieren Sie uns, ob Sie die Artikel innerhalb von sieben Tagen schicken können.
Please inform us whether you can deliver these items within seven days?

Da wir die oben genannten Artikel dringend benötigen, wären wir Ihnen für eine schnelle Bearbeitung unserer Bestellung dankbar.
As we require the above-mentioned items urgently, we would appreciate if you could process our order as soon as possible.

Vielen Dank im Voraus für die unserer Anfrage geschenkte Aufmerksamkeit.
Thank you in advance for your attention to our inquiry.

»Vielen Dank für Ihren Brief«

Wenn Sie Anfragen beantworten *(replying to/processing requests)* sollte Ihr Brief Folgendes enthalten: einleitende Dankesworte, die gewünschten Informationen und das Angebot, weitere Auskünfte zu erteilen.

Vielen Dank für Ihren Brief vom 28. Januar, in dem Sie sich nach unserer neuen Herbstfarben-Kollektion erkundigen.
Thank you for your letter dated January 28, in which you inquired about our new autumn colours (UK)/fall colors (US) collection.

Bezug nehmend auf unser angenehmes Telefongespräch heute Morgen freuen wir uns, Ihnen folgende Informationen zukommen zu lassen.
With reference to our pleasant telephone call this morning, we are pleased to let you have the following information.

Wie gewünscht fügen wir die von Ihnen benötigte Information bei.
As requested, we enclose the information you require.

Gern senden wir Ihnen die erbetenen Informationen bezüglich…
We are happy to supply you with the requested information concerning…

In der Anlage erhalten Sie ein Exemplar unseres neuesten Software-Pakets.
Please find enclosed a copy of our latest software package.

Sollten Sie weitere Einzelheiten benötigen oder Fragen haben, setzen Sie sich bitte jederzeit mit uns in Verbindung.
If you require further details or have any further queries, please do not hesitate to contact us.

Wir hoffen, dass unser Angebot Ihren Erwartungen entspricht.
We hope our offer meets your expectations.

Fill in the Gaps

Schriftlich formulierte Gedanken können auf verschiedene Weise verbunden werden. Lesen Sie sich bitte die Liste mit den nützlichsten Vokabeln durch, und versuchen Sie sich dann an der folgenden Übung. Die Lösungen finden Sie auf der rechten Seite unter der Übung.

Wendungen, die den Zweck ausdrücken (purpose phrases)

so that – sodass
in order to – um zu
results in – führt zu, ergibt
leads to – führt zu
due to – aufgrund, wegen
owing to – wegen, aufgrund
thus – somit, daher (eher formal)
as a result of – infolge von
since/for/because – weil, da

Schlussfolgerungen ziehen/Auswirkung ausdrücken (drawing conclusions/stating effect)

this means – das heißt
consequently – folglich
therefore – deshalb

Bedingungen ausdrücken (expressing conditions)

provided that – vorausgesetzt, dass
if – falls
whether – ob
unless – sofern nicht
only – nur
just – gerade, soeben

Einen Gegensatz ausdrücken (expressing contrast)

yet – noch, immer noch, jetzt noch

however – jedoch

nevertheless – dennoch, nichtsdestotrotz

Lückentext

1. ____________________ ensure a high attendance rate, *(Teilnehmerzahl)* we are sending out the invitations in good time.
2. ____________________ the high demand, we are now producing at a higher volume which enables us to grant *(gewähren)* you a discount *(Nachlass)* of 3%.
3. There is a trade fair *(Messe)* in town on those dates; ____________________, our rates are somewhat higher.
4. ____________________ you book two weeks in advance *(im Voraus)*, we can guarantee your reservation at the above-mentioned rate *(oben genannten Preis)*.
5. We had hoped to give you a more favourable response *(günstigere Antwort)*; ____________________, we are still waiting for confirmation from our suppliers.
6. They have been a presence on the market *(Marktpräsenz)* now for sometime; ____________________, they have to put more into their advertising budget to become a house-hold name *(überall bekannt werden)*.

Lösungen

1. in order to, 2. owing to, 3. therefore, 4. provided that, 5. however, 6. nevertheless

Alles rund um Aufträge

Wie erteile ich einen Auftrag auf Englisch? Wie bestätige und storniere ich? Die folgenden Mustersätze helfen Ihnen, die richtigen Formulierungen zu finden.

Auftragserteilung

Bezug nehmend auf Ihr Angebot vom 15. Mai, möchten wir Ihnen gerne einen Auftrag für 10 Konferenztische zum Stückpreis von 350 $ erteilen.
We refer to your offer of May 15, and would like to place an order for 10 conference tables at $ 350/USD 350 each.

Auf der Grundlage der von Ihnen genannten Bedingungen in Ihrem Angebot vom 5. April erteilen wir hiermit den Auftrag von 3.000 XYP Batterien.
On the basis of the terms/conditions stated/quoted in your offer dated April 5, we are pleased to place an order for 3,000 XYP batteries.

Wir danken Ihnen für Ihr Angebot vom 7. März und fügen unseren Auftrag Nr. 023 für Bürostühle bei.
We thank you for your offer dated March 7, and enclose our order no. 023 for office chairs.

Auftragsbestätigung

Unsere Auftragsbestätigung ist beigefügt. Vielen Dank für Ihren Auftrag.
Our confirmation of order is enclosed. We thank you for your order.

Die Waren werden sofort nach Zahlungseingang versandt.
The goods will be despatched (UK)/dispatched (US) upon receipt of payment.

Wir heißen Sie als neuen Kunden willkommen.
We are happy to welcome you as a new customer.

Hohe Beträge

→ Preisangaben in ganzen Dollar- oder Pfundbeträgen sind ohne die im Deutschen üblichen Kommastellen zu schreiben ($ 258). Tausender- und Millionenstellen werden im Englischen durch ein Komma deutlich gemacht (4,000/3,543,700).

Auftragsstornierung

Sollten Sie diesen letzten Termin nicht einhalten können, sehen wir uns leider gezwungen, den Auftrag zu stornieren.
If you are unable to meet this deadline we will unfortunately be obliged to cancel the order.

Sollten Sie nicht in der Lage sein, innerhalb der festgelegten Zeit zu liefern, sehen wir uns gezwungen, unsere Geschäftsbeziehung mit Ihrer Firma beenden.
If you are unable to deliver within the agreed time, we will be forced to discontinue our business relationship with your company.

Hiermit informieren wir Sie über die Kündigung des Vertrages zwischen Carts & Co. und Dills Tyres.
This is to notify you of the cancellation of the contract between Carts & Co. and Dills Tyres.

Für eventuell entstandene Schäden machen wir Sie haftbar.
You will be held liable for any damage caused.

Aus Absatz 8 unserer allgemeinen Verkaufsbedingungen geht hervor, dass eine Verzögerung von mehr als 10 Arbeitstagen den Auftragnehmer berechtigt, den Auftrag zu stornieren.
If you refer to clause 8 in the general conditions of sale, you will see that a delay of more than 10 working days entitles the contractor to cancel the order.

Da Sie sich nicht an die Vertragsbedingungen gehalten haben, haben wir keine andere Wahl, als unseren Auftrag zu stornieren.
As you have not kept to the terms of the contract of sale we have no alternative but to cancel our order.

Survival-Sätze für schwierige Situationen

Reklamieren oder sich beschweren? Zahlungsbedingungen festlegen? Mit den folgenden Formulierungsvorschlägen sind Sie auf der sicheren Seite.

Zahlungsbedingungen

Die Zahlung erfolgt wie festgelegt durch ein unwiderrufliches Akkreditiv.
Payment will be made as stipulated by an irrevocable letter of credit.

Wie gewünscht werden wir die Zahlung mittels einer internationalen Postanweisung vornehmen.
As requested we will make payment by an international money order (IMO).

Wir akzeptieren Ihre Zahlungsbedingungen und bestätigen, dass die Bezahlung per Banküberweisung vorgenommen wird.
We accept your terms of payment and confirm that payment will be made by bank transfer.

Lieferung

Die Lieferung hat innerhalb von 5 Wochen zu erfolgen.
Delivery will be made within 5 weeks.

Bitte liefern Sie die Sendung an die unten angegebene Adresse.
Please deliver the consignment to the address below.

Auftragsbestätigung

→ Ein Auftrag sollte genaue Spezifikationen enthalten: Stückzahl, Gesamtpreis, Zahlungsbedingungen, Liefertermin und natürlich die Adresse. Das folgende Musterfax ist in britischem Englisch verfasst, die Form hat jedoch generell Gültigkeit.

From: Janet Doyle
Textile Ltd
82–86 Brompton Road
Knightsbridge
London SW 1X 7XL
Fax: 020 7730 1589

To: Geraldine Smart
Shine Ltd
PO Box 1922
Glasgow G2 3W
Fax: 08700 100 222

Our ref.:
Date: 15 May 200X

Your ref.:
Total pages: 1
Subject: Your order of 14 May

Dear Geraldine,

Thank you for your order of 14 May.

We have passed on the order to our despatch department and we are pleased to inform you that as we have all items in stock *(Artikel auf Lager)* the order will be despatched *(versenden)* tomorrow 16 May.

We are pleased to enclose the order specifications for 2,000 batches of cotton *(Partien Baumwolle)* (catalogue number 213XP) at £ 10 per batch *(je Partie)*.

As agreed our prices include CIP delivery to your premises in Essex, payment to be made by transfer to our account at Midlands Bank within 60 days of receipt of invoice. *(CIP = carriage and insurance paid to… [frachtfrei versichert bis…], das heißt der Verkäufer zahlt die Transportkosten einschließlich Versicherung bis zum Bestimmungsort.)*

We trust that the goods will meet your expectations (hoffen, dass die Waren Ihren Vorstellungen entsprechen) and look forward to doing business with you again in the future.

Best regards

Janet Doyle

Janet Doyle
Purchasing Department (Einkauf)

Bitte entschuldigen Sie, dass wir leider innerhalb des gewünschten Zeitraums keine Lieferung garantieren können.
We apologise (UK)/apologize (US) that we are not able to guarantee delivery within the requested time period.

Bitte geben Sie uns bezüglich der Zollvorschriften Bescheid.
Please advise us regarding customs regulations.

Reklamieren und sich beschweren

Wir möchten Sie darauf aufmerksam machen, dass Sie mit Ihrer Leistung bereits 10 Tage in Verzug sind.
We would like to draw your attention to the fact that you are already 10 days behind with your service.

Bitte sorgen Sie dafür, dass ein derartiges Problem nicht wieder entsteht.
Please ensure that this sort of problem does not happen again.

Wir würden Ihre diesbezügliche Stellungnahme begrüßen.
We would welcome your comments on this.

Dies dürfte nicht passieren.
This kind of thing shouldn't happen.

Wir erwarten, dass Sie sich umgehend um die Angelegenheit kümmern.
We expect you to deal with this matter immediately.

Wir sehen uns gezwungen, gerichtliche Schritte einzuleiten.
We will be forced to initiate legal proceedings.

Wir bedauern, Ihnen mitteilen zu müssen, dass die Ware während des Transports beschädigt wurde.
We regret to inform you that the goods were unfortunately damaged in transit.

ÜBUNG

Fill in the Gaps

Versuchen Sie, die folgenden Wörter in die passenden Lücken dieser Mahnung *(payment reminder)* zu setzen. Die Lösungen finden Sie auf Seite 125.

a. due – fällig, b. refer – sich beziehen, c. kindly – höflichst, d. remit – überweisen, e. note – zur Kenntnis nehmen

Dear Sir / Madam,

We 1. ______________________ to our invoice no. 568 for £ 425,20.
Please 2. ______________________ that payment was
3. ______________________ on March 31.
We would 4. ______________________ request you to
5. ______________________ the sum in question within the next few days.

Yours faithfully

John Doyle
Book-Keeping

Wenn Sie sich entschuldigen müssen

Bitte entschuldigen Sie die Verzögerung bei der Erledigung Ihres Auftrags.
Please accept our apologies for the delay in delivering your order.

Ich bitte Sie, das Versehen zu entschuldigen.
I must apologise (UK)/apologize (US) for the misunderstanding.

Wir haben leider einen Fehler in der Rechnung Nr. 702 entdeckt, die Sie letzte Woche erhalten haben. Bitte entschuldigen Sie dieses Versehen.
I'm afraid that we have found a mistake in invoice no. 702 which you received last week. We apologise for this omission.

Wir bedauern den Fehler.
We are sorry about what went wrong.

Offensichtlich ist uns ein Fehler unterlaufen. Wir bedauern sehr, dass dies passieren konnte.
Unfortunately there seems to have been an error. We very much regret that this should have happened.

Die Arbeit wird aus Kulanzgründen auf unsere Kosten durchgeführt.
The work will be done again at our expense.

Wir fügen eine Gutschriftsanzeige über 200 $ bei.
We enclose a credit note of $ 200.

… und so können Sie Dankbarkeit ausdrücken

Vielen Dank für Ihren Brief vom …
Many thanks for your letter of …

Erfreut haben wir … erhalten.
We were delighted to receive …

Vielen Dank für Ihre freundliche Einladung.
Thank you very much for your kind invitation of …

Wir danken für Ihre Gastfreundschaft.
Thank you for your hospitality.

ÜBUNG

Challenge

Können Sie höflich Ihr Bedauern ausdrücken *(expressing regret)*? Welcher der beiden folgenden Sätze scheint Ihnen passender? Die Lösungen finden Sie auf Seite 125.

1. Wir bedauern, Ihnen mitteilen zu müssen, dass sich aufgrund von ... die Warenlieferung verzögert.

a. We regret to inform you that the goods have been delayed owing to ...

b. We must inform you that the goods have been delayed owing to ...

2. Es tut mir Leid, Ihnen mitteilen zu müssen, dass wir Ihnen keinen Preisnachlass gewähren können.

a. We can't give you a discount and I regret that.

b. I am sorry to inform you that we are unable to offer you a discount.

3. Wir verstehen, dass Ihnen durch diese Verzögerung möglicherweise Schwierigkeiten entstehen.

a. We have sympathy with the delay this may be causing.

b. We understand the difficulties this delay may be causing.

4. Bitte nehmen Sie unsere Entschuldigung entgegen.

a. Please receive our excuses.

b. Please accept our apologies.

»You've got m@il« – Was Sie zur Netz-Etikette wissen sollten

Mit der Entwicklung der Kommunikation über das Internet hat der gesamte Korrespondenzbereich eine völlig neue Dimension erhalten. Die neue Kunst der Netz-Etikette (»*net etiquette*«, besser bekannt als »*netiquette*«) hat in den meisten Unternehmen die bisherigen Kommunikationsregeln Geschichte werden lassen. Bedenken Sie aber, dass dennoch einige Richtlinien gelten.

Kleines E-Mail Einmaleins

- Alle im vorigen Kapitel genannten Orientierungshilfen für das Schreiben von Geschäftsbriefen gelten auch für E-Mails. Es ist aber sinnvoll, die kleinen Besonderheiten der E-Mail-Kommunikation zu lernen (→ »Abkürzungen in E-Mails« auf Seite 95).
- Bemühen Sie sich, in Ihrer Mail knapp und informativ zu sein, aber zugleich einen unaufdringlichen Ton anzuschlagen. Es ist wichtig, Zweckdienlichkeit *(expediency)* und Knappheit *(brevity)* nicht mit Schlampigkeit *(sloppiness)* oder zu großer Direktheit *(bluntness)* zu verwechseln. Obwohl E-Mails eine Art Dialog sind, sollten sie strukturiert, präzise und auf die Bedürfnisse des Empfängers zugeschnitten sein.
- E-Mail ist ein schnelles Medium – im Nu können Wörter fallen, die man später bereut. Halten Sie deshalb Ihre Mails von negativen Gefühlen frei; werden Sie nicht barsch oder ärgerlich. (»To be flamed« ist ein in Computerkreisen geläufiger Ausdruck und bedeutet »beleidigt oder beschimpft werden per E-Mail«.)
- Bei internationaler Korrespondenz sollte man berücksichtigen, dass jede Kultur anders kommuniziert. Zeit ist aber in jedem Fall von ent-

E-Mail

→ Unser Beispiel ist eine typische E-Mail eines britischen Hotels an einen amerikanischen Gast. Das Reservierungspersonal hat sich dafür entschieden, die E-Mail in amerikanischem Englisch zu schreiben – die Form hat aber selbstverständlich allgemein Gültigkeit.

Mail from: jessy.parks@windsorhotel.co.uk

Subject: Your inquiry re. accommodation Jan 22–24

Cc:

Attachment:

Dear Mr. Bartlett:

Thank you very much for your inquiry about accommodation in our London hotel from Jan 22–24. We are happy to confirm that we can offer you a double room at a corporate rate of £ 265 including full English breakfast. The rate also includes use of our wellness center (swimming pool, sauna and fitness room). We would kindly ask you to confirm your booking ASAP as there is a major exhibition in the Tate Gallery at that time and we have a waiting list for rooms. We would be pleased to welcome you back to the Windsor Hotel again as a valued customer.

Sincerely yours,

Gladys Fields
Reservations Officer
Tel + 44 123 768 421
Fax + 44 123 768 422

scheidender Bedeutung, deshalb bestätigen Sie Ihren englischsprachigen Partnern den Empfang von E-Mails selbst dann, wenn später eine gründlichere/ausführlichere Bearbeitung erforderlich ist. Standardmäßig hat man im englischsprachigen Geschäftsverkehr ein Zeitfenster *(window-frame, UK/US; time slot, UK)* von max. 48 Stunden, um den Empfang zu bestätigen und das weitere Vorgehen anzuzeigen.

→ Verstecken Sie sich nicht hinter E-Mails, wenn Sie wissen, dass ein Telefonanruf angebrachter wäre.

→ Der Empfänger ist nicht verpflichtet, auf eine Mail zu antworten.

ÜBUNG

Mix & Match

In Ihrer Geschäftskorrespondenz werden Sie sicherlich auf die folgenden Wörter stoßen. Ordnen Sie die Begriffe auf der linken Seite den Synonymen rechts zu. Die Lösungen finden Sie auf Seite 125.

1. meet with your approval	a. trouble
2. matter	b. briefly
3. get in touch with	c. of late
4. shortly	d. contact us
5. recently	e. soon
6. in short	f. issue
7. inconvenience	g. be to your satisfaction

Informelles Medium – informelles Englisch?

Durch die schnelle Art der Kommunikation neigt man in E-Mails dazu, ebenso wie in einer Unterhaltung eine eher informelle Sprache zu verwenden. Elegante Formulierungen und ein formeller Stil brauchen eben ihre Zeit. Aber auch bei E-Mails, besonders in einer Fremdsprache, sollten Sie darauf achten, welchen Eindruck Sie hinterlassen wollen. Denken Sie im Voraus darüber nach, ob Ihre Mail entspannt und locker klingen soll oder ob sie formeller, zurückhaltender und seriöser sein muss. Die folgenden Vorschläge helfen Ihnen dabei.

Gruß- und Schlussformeln

Briefe beginnen mit »Dear« und enden mit »Sincerely«, Telefongespräche beginnen mit »Hello« und enden mit »Goodbye«. Die E-Mail ist jedoch ein relativ junges Medium, daher gibt es noch keine festen Regeln oder festgeschriebene Gruß- und Schlussformeln. Allerdings wurden im Business Englisch die Briefrichtlinien mehr oder minder als Standard übernommen. Sicherer ist es, eine formelle Gruß- und Schlussformel zu verwenden, bis sich zwischen Ihnen und Ihrem E-Mail-Partner eingespielt hat, ob Sie darauf verzichten möchten. So ist es zwischen amerikanischen und britischen Geschäftspartnern, die vertraut mit einander umgehen, völlig üblich, überhaupt keine Grußformel zu verwenden oder einfach mit »Cheers«, das heißt »Danke und Ciao« zu enden.

Wählen Sie die Anrede (Mr, Ms etc.) nach der Tabelle »Gruß- und Schlussformeln« (→ Seite 56) aus. Wenn Sie sich an eine Gruppe von Leuten wenden, können Sie »Dear« und das Attribut, das auf alle Mitglieder der Gruppe zutrifft, verwenden. Zum Beispiel

- »Dear Key Accounts« (Kundenberater) oder
- »Hello all« (was relativ unpersönlich, aber im geschäftlichen Umgang zwischen Kollegen durchaus annehmbar ist).

3

Einleitende Sätze

Die ersten Sätze sind ebenso wichtig wie die Grußformel, da sie die Verbindung zwischen Empfänger und Sender herstellen. Sie sollten folgende Informationen enthalten:

- Wie haben Sie von Ihrem E-Mail-Partner erfahren?
  My name is John Deer and I am Marketing Director at Coolers Inc. in North America. I have been given your address by our consultants Smiths & Co. (You worked with them on the Norway project.)

- Was wollen Sie von ihm?
  We are interested in renting space at the up-coming exhibition in Toronto and as you are organizing the event we would appreciate if you could process our inquiry.

- Wer sind Sie?
  Our company is a leading manufacturer of air-conditioners in Europe and we are interested in developing our North American market.

- Warum sollte Ihr Adressat Ihnen Aufmerksamkeit schenken?
  We would be grateful to receive a quotation from you with details of…

Unterschrift der E-Mail

Ihre standardmäßige Unterschrift *(default signature)* sollte beinhalten:

1. IHREN VOLLEN NAMEN mit Anrede, falls unklar ist, ob Sie männlich oder weiblich sind; z.B. Chris Thornten (Ms)
2. IHRE TÄTIGKEITSBEZEICHNUNG; zum Beispiel Human Resources Specialist (Personalreferent)
3. DEN FIRMENNAMEN; z.B. Beacons Brewery
4. DIE TELEFONNUMMER mit Vorwahl und gegebenenfalls Ländervorwahl; z.B. + 49 (0) 6196 72 45 – 231

Ihre erweiterte Unterschrift *(extended signature)* kann außerdem die Faxnummer und E-Mail-Adresse plus Firmenadresse beinhalten. Dies kann aber im Verhältnis viel zu lang sein, wenn die Nachricht oder der Hauptteil der E-Mail nur eine Zeile hat. Am besten entscheiden Sie ad hoc, ob Sie für alle Ihre E-Mails Ihre Standardunterschrift verwenden oder zwischen einer langen und einer kurzen Version unterscheiden.

AUF EINEN BLICK

Abkürzungen in E-Mails

3

→ Auch bei E-Mails gibt es mittlerweile viele Abkürzungen, allerdings ist Vorsicht bei der Anwendung geboten. Die folgenden Abkürzungen sind relativ bekannt; etwas unbekanntere Kürzel, die sich nur eignen, wenn man den Adressaten schon besser kennt, sind mit einem Sternchen (*) gekennzeichnet.

AFAIK*	as far as I know
ASAP	as soon as possible
ATB*	all the best
BTW	by the way
BCNU*	be seeing you
CID*	consider it done
CU*	see you
FWIW*	for what it's worth
FYI	for your information
IMHO*	in my humble opinion
IMO*	in my opinion
MSG	message
OTOH*	on the other hand
PCM	please call me
PLS	please
RGDS	regards
THNO	thank you
THX/TX	thanks
YR	your

4 Meetings, Konferenzen und Präsentationen

→ Präsentationen dienen in erster Linie der Übermittlung von Informationen – als Redner wollen Sie aber auch überzeugen und motivieren. In einem Meeting geht es, je nach Thema, heiß her, und Sie müssen schnell reagieren und fundiert diskutieren können. Gar nicht so leicht in einer Fremdsprache, denken Sie vermutlich? Mit diesem Kapitel werden Sie jede Situation meistern.

Entscheidend ist die richtige Vorbereitung

Konferenzen, Meetings und Präsentationen sind wesentlicher Bestandteil des Geschäftslebens. Dabei ist die effektive Planung und Durchführung von Meetings und Veranstaltungen *(meeting/event management)* für den Erfolg entscheidend. Zur Planung von internationalen Meetings gehören die Entscheidung, wer daran teilnehmen sollte *(deciding who should be at the meeting)*, die Wahl des Veranstaltungsortes *(determining the meeting's venue)* und die Bestimmung eines geeigneten Zeitpunkts *(allotting a suitable time)*.

Die Teilnehmerliste *(attendee/participant list)* sollten Sie so früh erstellen und die Einladung *(invitation)* so zeitig versenden, dass den Teilnehmern selbst auch ausreichend Zeit zum Planen bleibt. Damit auch befriedigende Ergebnisse erzielt werden, ist unbedingt eine Tagesordnung *(agenda)* mit Angaben zu Verantwortlichkeiten, Zielsetzung und einem Zeitplan erforderlich. Zwar gibt es, was die Einhaltung der Tagesordnung angeht, kulturelle Unterschiede (→ Seite 100), doch in den meisten Meetings ist die Tagesordnung die Grundlage für Struktur und Effizienz. Soll ein Protokoll *(minutes)* erstellt werden, sollten Sie unbedingt jemanden mit Erfahrung im Abfassen englischer Protokolle mit dieser Aufgabe betrauen.

Zunächst aber geht es ans Auswählen und Buchen der passenden Räumlichkeiten in einem Konferenzzentrum *(conference centre)*, Hotel oder Ähnlichem. Auch für die passende Ausrüstung *(equipment)*, insbesondere technische Geräte, muss gesorgt werden.

→ QUIZ

»From now on, ending a sentence with a preposition (Präposition) is something up with which I will not put.« Sir Winston Churchill, engl. Staatsmann (1874–1965) Können Sie Churchills Wortspiel *(play on words)* korrigieren?

Lösung: »From now on, ending a sentence with a preposition is something which I will not put up with.« (Das mehrgliedrige Verb [phrasal verb] »to put up with s.th.« bedeutet »sich mit einer Sache abfinden«, »mit einer Sache fertig werden«.)

Ausstattung des Veranstaltungsortes

Bevor Sie mit einem möglichen Veranstalter in Kontakt treten, sollte auf jeden Fall geklärt sein, wie viele Teilnehmer erwartet werden *(how many people are expected to participate)*. Denn davon hängt selbstverständlich die Zahl der erforderlichen Räume *(number of rooms required)* und die Größe des Konferenzraumes in Quadratmetern *(size of the conference room in square meters)* ab, sowie z. B. die Frage, ob weitere Räume/Platz für kleine Arbeitsgruppen mit Flipchart und einem Treffpunkt für die gesamte Gruppe mit Tischen *(additional rooms/space for small-group work areas with flip-chart and large-group meeting area with tables)* benötigt werden.

Vorab sollten Sie außerdem überlegen, wie der Raum gestaltet sein soll *(how the room should be arranged)*. Normalerweise halten Veranstalter dafür ein Standardformular bereit, das Sie ausfüllen können. Die folgenden Gestaltungsarten sind die gängigsten:

- → theater style (wie im Theater)
- → classroom style with tables (wie ein Klassenraum, mit Tischen)
- → rows (Reihen)
- → circle (Kreis)
- → U-shape (U-förmig)
- → slanted diagonally (schräg)

- tables and chairs (Tische und Stühle)
- chairs only (nur Stühle)
- conference table (to seat 10) (Konferenztisch für 10 Leute)

Vokabeln fürs Equipment

Ebenso wichtig ist auch die Frage nach der erforderlichen Ausrüstung *(equipment)*. Wer einmal während eines Meetings auf der Suche nach einem Dia-Projektor hektisch durchs halbe Hotel gesaust ist, weiß, wie wichtig eine solide Planung ist. Am besten, Sie klären diesen Punkt weit im Voraus. Auch hierfür gibt es bei den meisten Hotels oder Konferenzzentren ein Standardformular.

Gehen Sie die Tagesordnung durch: Was wird bei dem Meeting passieren? Soll eine Beamer-Präsentation gehalten werden? Sollen die Teilnehmer kreativ am Flipchart arbeiten? Bald haben Sie eine Liste der Dinge zusammen, die Sie für die technische Ausstattung besorgen müssen. Hier finden Sie die englischen Ausdrücke für die gängigsten Geräte, die bei einer Präsentation oder auch einem Meeting benötigt werden:

- Overhead projector (OP) – Tageslicht-Projektor, Overhead-Projektor
- Slide projector – Dia-Projektor
- Storyboard/Pinboard – Storyboard/Pinnwand
- Flip-Chart and markers – Flipchart und Marker
- Clipboard or laptop writing surface – Klemmbrett oder Laptop-Schreibplatte
- Chalkboard – Wandtafel
- Wipe-off board – Wischtafel
- Microphone – Mikrofon
  - handheld wired – Kabelmikrofon
  - handheld wireless – schnurloses Mikrofon
  - lavaliere microphone – Lavaliermikrofon

- Laptop/Notebook – Laptop/Notebook
- Computer overhead display device – Computer-Overhead
- Playback – Wiedergabe
  - Video (VCR) – Videogerät
  - Audio – Audiogerät
  - Video camera – Videokamera
  - Audio recorder – Tonaufnahmegerät
- Extension leads (UK)/cords (US) – Verlängerungskabel

Die Tagesordnung

Eine gut durchdachte Tagesordnung *(agenda)* unterstützt den Gesamterfolg jedes Meetings. In den USA und in Großbritannien ist es üblich, diese Tagesordnung allen Teilnehmern mindestens drei Arbeitstage vor der Sitzung zukommen zu lassen. Am besten *(best practice)* sind sogar 14 bis 21 Arbeitstage vor dem Meeting.

Denken Sie daran, dass die Tagesordnung der Veranstaltung Struktur gibt, Geschäftspartner aus englischsprachigen Ländern aber eher geneigt sind, Dinge auf sich zukommen zu lassen *(to go with the flow)*, sodass es häufig zu Abweichungen von der geplanten Tagesordnung kommt. Lassen Sie sich von solchen Abweichungen jedoch nicht irritieren. Sie können auch gerne eingreifen, wenn Sie meinen, dass die Zeit nicht effektiv genutzt wird oder dass wichtige Punkte wegen zu großen Abweichungen nicht behandelt werden können. Behalten Sie aber im Hinterkopf, dass Struktur und Zeiteinhaltung für Deutsche meist sehr wichtig sind, man durch anderes Vorgehen aber auch ans Ziel kommen kann. Je größer, wichtiger oder formeller die Veranstaltung ist, desto eher wird die Einhaltung der Tagesordnung von allen beherzigt. So kann man bei unserem Tagesordnungsbeispiel auf Seite 101 erwarten, dass der Zeitplan mehr oder weniger eingehalten wird.

Tagesordnung

→ Das folgende Beispiel zeigt Ihnen, wie man eine Tagesordnung auf Englisch für eine geplante Vertriebskonferenz gestalten könnte.

Sales Meeting March 21 2006

08:00–09:30	Welcome Brain-storming on current *(aktuelle)* sales strategies *(Verkaufsstrategien)* – what's needed Group sharing *(Gruppenaustausch)*
09:30–11:00	1. Analysis of individual markets *(Einzelmärkte)* a. Strengths *(Stärken)*, developmental areas *(ausbaufähige Gebiete)* – what applies *(trifft zu)*? Local & Corporate *(regional und global)*. b. Analysis of competitive strengths »assets« *(Pluspunkte im Konkurrenzkampf)*
Break	
11:30–13:00	c. East European market development (John David's presentation) d. Pursuing *(verfolgen)* new business strategies in East Europe
Break	
14:00–16:30	2. Global business expansion *(internationale Ausweitung des Geschäfts)* a. New business, targets *(Ziele)*, timelines *(Zeitrahmen, großer Zusammenhang)*, Vice President's remarks *(Anmerkungen)* b. Group-work: Issue clarification *(Klärung der Themen)* – idea-generating session *(Ideenfindungsphase)*
Break	
17:00–18:30	3. Team-sharing and recording *(Gedankenaustausch und Aufzeichnung im Team)* Area Managers and Vice President answer open questions *(Gebietsleiter und Vize-Präsident beantworten offene Fragen)* Comments on concerns *(Anliegen)* Summarize team learnings *(Zusammenfassung der Erkenntnisse der Teams)*
Close	

Reservieren und buchen

Soll Ihr Meeting, Ihre Tagung oder Ihre Konferenz in einem englischsprachigen Land stattfinden? Dann sind folgende Formulierungen hilfreich, wenn Sie passende Räumlichkeiten oder Hotelzimmer reservieren und buchen möchten:

Wir benötigen am 31. August von 8:00 bis 18:00 Uhr einen Konferenzraum für 35 Personen.
We require a meeting room for 35 people on August 31 from 08:00–18:00.

Könnten Sie uns bitte ein Angebot für eine ganztägige Veranstaltung in Ihrem Hotel vom 3. bis zum 4. Mai unterbreiten?
Could you please submit a quotation for a full-day event in your hotel from May 3–4? *(Das Datum kann selbstverständlich auch als »3.–4. May 200X« oder klassisch »3rd–4th May 200X« geschrieben werden.)*

TIPP

18:00 oder 6 pm

→ Im Zuge der Globalisierung ist das 12-Stunden-Format in englischsprachigen Ländern seltener geworden. Der besseren Verständlichkeit halber wird im Büroalltag meist das 24-Stunden-Format verwendet; die Amerikaner schreiben einen Doppelpunkt (18:00), die Briten einen Punkt (18.00). Im gesprochenen Englisch ist es allerdings immer noch üblich, das alte Format zu nehmen, z. B. »I will see you at six/six o'clock then.« (Der Zusatz »o'clock« ist nicht wirklich notwendig.) Das Kürzel »am«/»a.m.« steht für vormittags, »pm«/»p.m.« für nachmittags.

Können Sie uns bitte Ihre Preise für Übernachtung mit Vollpension für 20 Personen während der Fachmesse in Toronto nennen?
Can you specify your rates for full-board accommodation for 20 people during the trade fair in Toronto?

Wir benötigen ein Mittagsbuffet für 23 Teilnehmer.
We will require a buffet lunch for 23 participants.

Welche Annehmlichkeiten bietet Ihr Hotel?
What amenities does your hotel offer?

Gibt es in Ihrem Hotel einen Wellness-Bereich?
Do you have a wellness center at your hotel?

Welche Sporteinrichtungen befinden sich auf dem Gelände?
What sport facilities are on the premises?

Kann man Ihr Hotel mit öffentlichen Verkehrsmitteln erreichen?
Can your hotel be easily reached by public transport?

Wir bestätigen unsere Reservierung für den Horizon Congress am 24. März.
We confirm our reservation for the Horizon Congress on March 24.

Beiliegend finden Sie eine Aufstellung der von uns benötigten Ausrüstung.
Please find the Equipment Specification attached.

Können Sie uns bitte Ihre Konditionen für die Vermietung eines Dia-Projektors, Fernsehgerätes und DVD Players nennen?
We would ask you to advise us of your rental rates for 1 slide projector, 1 TV monitor and 1 DVD player.

Bitte bestätigen Sie unsere Reservierung so schnell wie möglich.
Please confirm our reservation ASAP (as soon as possible).

Einladung

→ Das folgende Beispiel, das per E-Mail verschickt wurde, ist in amerikanischem Englisch verfasst – die Form der Einladung *(invitation)* kann jedoch für alle englischsprachigen Länder verwendet werden.

Invitation

Dear Ms. Sharp:

The appointment for the Horizon Congress 200X »**Vision for the Asian-Pacific Market**« is coming closer *(in greifbare Nähe gerückt)*. The event *(die Veranstaltung)* will be taking place *(findet statt)*

from:
07. 04. 200X to **08. 04. 200X**

in:
JFK Congress Center
Silverstone Drive 425
212 XP
Washington
Tel. 01 004105-6270
Fax 01 004105-627222

The congress is scheduled daily from:
Day 1: 08:30–18:30/Day 2: 08:30–17:30

To ensure that your hotel reservation is to your satisfaction we would ask you to complete *(ausfüllen)* and return the attached »Room Reservation« form *(Formular)* to us by March 31. Thank you for taking the time to complete this form.

We are also attaching a participant list *(Teilnehmerliste)* and an agenda which outlines *(Überblick geben)* the day's targets and timing. We would ask you to take a close look at the agenda and submit *(vorlegen)* any comments or recommendations to us by March 31. Your thoughts are valuable to us *(Wir sind dankbar für Anregungen)*. We cannot consider any proposed amendments *(Änderungen)* submitted after March 31. The pre-meeting literature *(vorbereitende Unterlagen)* submitted by the key speakers is also attached to the e-mail. We would appreciate if you could find the time to take a look at this literature prior to (vor) the event. A feedback form *(Beurteilungsbogen)* will be circulated *(verteilen)* to all attendees *(Teilnehmer)* at session close *(Ende der Sitzung)*. Please help us in our endeavors *(Bemühen)* to continuously enhance our annual conferences by completing this form.

Please contact us if you have any questions. We wish you a pleasant journey to the congress and trust that you will find the event both enjoyable and successful.

Sincerely yours,

Kate Quinn
Co-Ordinations Officer / Horizon Congress

Die Präsentation – So überzeugen Sie auf Englisch

Wenn Sie eine Präsentation auf Englisch halten, ist es ratsam, sich zuerst die Zuhörer und deren Erwartungen zu vergegenwärtigen. Denn die Kernaussage *(core message)* soll ja bei genau diesem Publikum ankommen und muss dementsprechend zugeschnitten sein. Dem KISS-Prinzip (→ Seite 13) entsprechend sollte eine Präsentation deshalb wie folgt ausgerichtet sein: Kernaussage vorneweg *(core message upfront)*. Fragen Sie sich also vorher: Was würden Sie selbst gerne als Zuhörer an Mehrwert und Erkenntnissen mit nach Hause nehmen *(take-home value/learnings)*? Bedenken Sie, dass Amerikaner und Briten ein kritisches Publikum sind, das Ihre gesamte Person in Augenschein nimmt, nicht notwendigerweise nur die Fakten, die auf Ihren Dias stehen. Eine Frage, die sich Zuhörer in den ersten 90 Sekunden stellen, ist: »Bin ich froh, dass ich hier bin?« (»Am I glad I came?«)

Präsentationen dienen in erster Linie der Übermittlung von Informationen, sie wollen aber auch überzeugen, das Engagement der Zuhörer wecken *(buy-in)* und motivieren. Macht sich der Redner vorab Gedanken über die Relevanz *(relevancy factor)* seiner Präsentation für das Publikum und passt Inhalt und Form den Ansprüchen dieses Publikums an, dann sind seine Aussichten, das Interesse seiner Zuhörer zu wecken und zu fesseln – und somit das Ziel seiner Präsentation zu erreichen –, ziemlich gut.

Gute Präsentationsfähigkeiten werden von zahlreichen großen amerikanischen und britischen Unternehmen folgendermaßen definiert: »Demonstrates audience appropriate two-way communication which is both clear and concise.« (»Stellt seine Fähigkeit zu publikumsgerechter und wechselseitiger sowie klarer und präziser Kommunikation unter Beweis.«) Was ein deutsches Publikum bisweilen als »Hochjubeln« *(to oversell)* oder »Schnickschnack« *(bells and whistles)* betrachtet, ist für englischsprachige Zuhörer normaler Unterhaltungswert *(entertainment value)*. Für sie ist es wichtig, mitgerissen und miteinbezogen zu werden. Gerade Angelsachsen mögen es nicht besonders, belehrt zu werden, daher der oben erwähnte Ausdruck »two-way communication«.

Es gibt die verschiedensten Möglichkeiten, Teilnehmer zu begeistern und zu involvieren. Sie reichen von Fragen und bewusster Strukturierung bis hin zu Anekdoten. Die Aufmerksamkeit der Zuhörer kann auch durch den wirkungsvollen Einsatz von audiovisuellen Hilfen erreicht werden. Denken Sie daran, dass man Amerikanern das »Produkt« verkaufen muss, Briten Eloquenz und ein charmantes Auftreten und die Australier Persönlichkeit schätzen. Will heißen: Auch wenn der **INHALT** *(content)* im Mittelpunkt steht, ist bei englischen Präsentationen der **BEZIEHUNGSFAKTOR** *(relationship factor)* entscheidend!

An folgende Punkte sollten Sie sich bei Präsentationen vor einem englischsprachigen Publikum halten:

- Die drei »S« der Präsentation: simplicity of structure (klare Struktur), sturdy content (starker Inhalt), sandwiched with humour (und dazwischen immer Humor)
- Verwenden Sie häufiger »you« als »I«.
- Vermitteln Sie Ihre Informationen in einfacher, klarer Sprache. Eine hochgestochene Sprache lässt Sie nicht kompetenter erscheinen und wirkt nur aufgesetzt.
- Motivieren Sie die Zuhörer, sorgen Sie für einen hohen Energiepegel *(energy level)*, versuchen Sie Ihre Präsentation auf die Geschwindigkeit der Zuhörer abzustellen *(up-to-speed with the listener)*.
- Konzentrieren Sie sich auf das Positive *(focus on the positive)* und suchen Sie nach Lösungen *(solutions)*, statt das Problem ausschweifend darzulegen.

Survival-Sätze für die Präsentation

Eine wirkungsvolle Präsentation zu konzipieren und souverän zu halten, ist schon an sich eine Herausforderung. Die Vorstellung, dies auch noch in einer fremden Sprache tun zu müssen, kann richtiggehend entmutigend sein. Im Folgenden finden Sie daher die wichtigsten Sätze und Ausdrücke, die Sie benötigen, um überzeugend auf Englisch zu präsentieren. Weitere (Sprach-)Tipps finden Sie im Unterkapitel »Sicher auftreten im Meeting« (→ Seite 114).

Anfang

Zuerst möchte ich mich bei Ihnen bedanken, dass Sie alle heute Morgen gekommen sind.

I would like to begin by thanking you all for coming here this morning.

Lassen Sie mich zu Beginn einige Anmerkungen zu unserer heutigen Tagesordnung machen.

At the outset, I would like to make a few remarks concerning our agenda for today.

Zweck

Zweck der Präsentation am heutigen Morgen ist es, mit Ihnen zusammen unser Potenzial auf den Märkten in der Region Südasien zu erkunden.

The purpose of the presentation this morning is to explore our potential in the South Asian markets with you.

Unser heutiges Ziel ist es, eine Lösung für unsere sinkenden Ölreserven zu finden.

Our objective today is to look at possible solutions to our declining oil reserves.

Unterteilung der Präsentation

Meine Präsentation ist folgendermaßen aufgeteilt...
I've divided my presentation up as follows...

Zuerst möchte ich Ihnen die Vormonatszahlen zeigen.
Firstly, I'd like to present last month's figures to you.

Als nächstes werden wir uns mit der Nutzung des Marktpotenzials in XYZ befassen.
Secondly, we will be taking a look at exploiting market potential in the area of XYZ.

Weiter im Text

Damit sind wir bei unserem letzten Diskussionspunkt für diesen Nachmittag angelangt, der Frage der Personalstärke.
This leads me to the final point we need to discuss this afternoon, the question of headcount.

Das nächste Schwerpunktthema soll unsere zunehmende Abhängigkeit von Auftragsforschung sein.
The next issue I would like to focus on is our increasing dependence on external research.

Trends beschreiben

Außerdem sehen wir steigende Umsatzzahlen im Bereich Röntgengeräte.
In addition to that we can witness an increase in sales in the x-ray division.

Darüber hinaus erwarten wir in diesem Bereich einen weiteren starken Preisverfall.
Furthermore, we anticipate further sharp price falls in that area.

Die Umsätze sind nicht nur im Bereich Gesundheitswesen gestiegen, wir erzielen auch auf anderen Hightech-Märkten hohe Umsätze.
Not only have sales increased in the healthcare area, we are also generating significant turnover in other hi-tech markets.

Beispiele geben

Lassen Sie uns zur Verdeutlichung den asiatischen Markt betrachten.
To illustrate this point, let us consider the Asian market.

Ein Beispiel dafür ist unsere unternehmerische Fehlleistung bei der Übernahme von PC Contol.
A case in point is our mismanagement of the takeover of PC Contol.

Präferenzen

Ich neige dazu, einer Konzentration auf unsere Kernkompetenzen den Vorzug zu geben, statt in andere Märkte einzusteigen.
I tend to favour concentrating on our core competencies as opposed to branching out into other markets.

Der Hauptvorteil von Outsourcing ist, dass wir auf lange Sicht eine Menge Fixkosten sparen.
The main advantage of outsourcing is that we will be saving huge overheads in the long-run.

Auswertung von Diagrammen

Die horizontale Achse stellt unseren Marktanteil dar. Die vertikale Achse zeigt das prozentuale Wachstum.
The horizontal axis represents our market share. The vertical axis indicates the growth in percentage.

Sie sehen sofort, dass wir in diesem Bereich Marktanteile an die Konkurrenz abgegeben haben.

Ungeteilte Aufmerksamkeit

→ Wenn Sie vor englischsprachigen Zuhörern präsentieren oder gemeinsam an einem Meeting teilnehmen, sollten Sie sich vorab Gedanken über deren Aufmerksamkeitsspanne machen. Amerikanische Zuhörer sind etwa 15 bis 30 Minuten aufmerksam, Briten und Australier können etwas länger zuhören. Deshalb sind in diesen Ländern Meetings (und gegebenenfalls auch Präsentationen) tatsächlich Dialoge, in denen Austausch auf der Tagesordnung steht. Die Deutschen haben, zusammen mit Finnen und Japanern, die längste Aufmerksamkeitsspanne, nämlich eine Stunde. Damit erklärt sich das eher deutsche Interesse an der Wiederholung von Details und das Bedürfnis nach Klärung von Sachverhalten.

You can see immediately that we have lost market share to the competition in this sector.

Der Umsatz ist seit 2004 ständig gesunken/gestiegen.
Since 2004 sales have been declining/growing steadily.

Abschweifen

Lassen Sie mich kurz abschweifen.
I'd like to digress for a moment.

Nebenbei erwähnt, sind wir uns der hiermit verbundenen Umweltfragen durchaus bewusst.
I might mention in passing that we are fully aware of the environmental issues involved here.

Zurück zum Thema

Lassen Sie mich nun wieder zu meinen Ausführungen zurückkehren.
Anyway, let me get back to my argument.

Zurück zu meinem Hauptargument.

Let me resume with my main argument.

Vorhersage/Erwartung

Wir erwarten im nächsten Quartal ein erhebliches Ansteigen unserer Umsätze. Das sollte unsere Marktposition festigen.

We expect/anticipate/forecast sales to increase substantially in the next quarter. It is bound to strengthen our market position.

Ein Umsatzrückgang war nicht zu vermeiden.

A drop in sales was inevitable.

Zusammenfassen

Um die wichtigsten Punkte, die heute angesprochen wurden, zusammenzufassen …

To summarize the main points that have been raised today …

Mit einem Wort, wir haben uns in Bezug auf folgende Themen geeinigt …

In a nutshell, we have managed to reach agreement on the following issues …

Abschluss

Zum Abschluss möchte ich allen für ihre Beiträge und ihr offensichtliches Engagement in dem Projekt danken.

In conclusion, I would like to thank you all for your contributions and very obvious commitment to this project.

Schließen möchte ich mit der Versicherung, dass die erörterten Änderungen unverzüglich umgesetzt werden.

I would now like to conclude by reassuring you that those changes discussed will be implemented without delay.

Welcher Präsentationstyp sind Sie?

Man kann die unterschiedlichen Präsentationsstile drei Bereichen des Farbspektrums zuordnen. Sind Sie der rote, der blaue oder der graue Typ – oder irgendetwas dazwischen?

Viele Deutsche entsprechen beim Präsentieren dem blauen oder grauen Typ. Versuchen Sie, wenn Sie einer dieser Typen sind, bei englischen Präsentationen ruhig einmal, »rote« Elemente auszuprobieren und dazuzumischen.

Blau

Die Präsentationen geraten nie außer Kontrolle. Sie sind straff geordnet, diszipliniert, durchorganisiert und in sich geschlossen. Eine dem blauen Bereich zuzuordnende Präsentation ist:

- → analytical (analytisch)
- → pragmatic (pragmatisch)
- → deliberate (überlegt)
- → restrained (zurückhaltend)
- → insightful (aufschlussreich)
- → logical (logisch)
- → thoughtful (durchdacht)
- → rational (rational)
- → intellectual (intellektuell/geistig anspruchsvoll)

Der Redner gewinnt durch seine besonnene und überzeugende Art. Blau-Typen strahlen sicheres Wissen aus und versuchen, Inhalte anhand ausgefeilter Details zu vermitteln. Gilt normalerweise als eher deutscher Präsentationsstil.

Rot

Diese Präsentation können Sie fühlen. Gefühle stehen ebenso stark, wenn nicht sogar mehr im Mittelpunkt wie der Inhalt. Eine dem roten Bereich zuzuordnende Präsentation ist:

- emotional (emotional)
- surprising (überraschend)
- charismatic (charismatisch)
- impulsive (impulsiv)
- disjointed (zusammenhanglos)
- driven (schwungvoll)
- instinctive (instinktiv)
- creative (kreativ)
- daring (kühn)

Der Redner ist sehr lebhaft. Sein Motto ist: »Maybe you like us, maybe you don't. But you can't ignore us.« (»Sie können uns mögen oder nicht, nur ignorieren dürfen Sie uns nicht.«) Bei einigen Zuhörerschaften können derartige Präsentationen erfolgreich sein, bei anderen allerdings auf Ablehnung stoßen. Es handelt sich hier eher um die amerikanische Präsentationsmethode.

Grau

Dieser Bereich ist der sicherste, allerdings kann er auch als trocken und langweilig betrachtet werden. Die Präsentation bringt meist nicht viel, denn ihr fehlt das Feuer des roten Bereichs und die Schärfe des blauen. Sie besteht nur, weil sie »sicher« ist. Eine dem grauen Bereich zuzuordnende Präsentation ist:

- cautious (vorsichtig)
- accommodating (angepasst)
- predictable (vorhersehbar)
- noncommittal (unverbindlich)
- traditional (traditionell)
- compromising (gefällig)
- neutral (neutral)

Dieser Präsentationsstil wird von den meisten englischsprachigen Geschäftsleuten sicher als ziemlich missglückt betrachtet. Wenn Ihre Zuhörer ständig auf die Uhr sehen oder niedergedrückt wirken, wird es Zeit, Schwung in die Sache zu bringen!

4

Sicher auftreten im Meeting

Die Einstellung zu *(attitude to)* Meetings und die Erwartungen *(expectations)* bezüglich des Ergebnisses von *(outcome of)* Meetings unterscheiden sich von Land zu Land. So wird das Ergebnis stark von den unterschiedlichen Denkarten beeinflusst, die am Konferenztisch sichtbar werden – und genau deshalb nimmt bei internationalen Meetings das Bewusstsein für kulturelle Unterschiede eine Schlüsselposition ein. Denken Sie stets daran, dass sowohl die Denkweise als auch das Vorgehen in angelsächsisch geprägten Kulturen sich sehr von der in Deutschland gängigen Praxis unterscheiden!

Deutsche Geschäftsleute konzentrieren sich mehr auf die Erledigung der Aufgaben *(task management)* und gehen bei Meetings sehr faktenbezogen und sachlich vor. Im Allgemeinen wird ein strenger Sitzungsablauf eingehalten *(adhered to)*, Tagesordnungen werden ziemlich genau befolgt, die Themen auf der Agenda werden systematisch erörtert *(controlled dialogue)* und unklare Punkte *(open points or unclear items)* geklärt. Man verlässt sich eher auf das Know-how *(expertise)* des Redners, als selber Ideen zu produzieren *(idea-generating)*. Die Redner bewegen sich am liebsten innerhalb des Bereichs ihrer Fachkompetenz. Konsens wird im Allgemeinen innerhalb eines vereinbarten Zeitrahmens *(agreed time-frame)* erreicht – allerdings dauern Meetings grundsätzlich länger als geplant.

Meetings mit Amerikanern

Amerikaner gehen bei Meetings hingegen folgendermaßen vor: Zuerst stellen sie sich auf persönliche Weise vor, beispielsweise »Hi, I'm Tom Kant from the Denver Office. I joined our organization in 2004 and came from the automobile industry where I had worked for over ten years.«, gefolgt von ein wenig Smalltalk. Sobald die richtige Atmosphäre *(right atmosphere)* hergestellt ist, werden die Punkte auf der Tagesordnung vorgestellt. Allerdings sind Abweichungen *(deviations)* von der Tagesordnung auch keine Seltenheit.

Bei Meetings werden neue Ideen produziert und es besteht eine starke Neigung zu offenen Gesprächen, bei denen mit offenen Karten gespielt wird *(all the cards are put on the table)*. Diese Art von Gesprächsführung gehört zur amerikanischen Verhandlungsstrategie *(game-plan)*, die es fast schon zur Kunstform erhoben hat, anderen eine Nasenlänge voraus zu sein *(one-upmanship)*. Im Allgemeinen sind amerikanische Partner allerdings kompromissbereit, um schnell ins Geschäft und zum Abschluss zu kommen *(to make a quick deal)*. Die im amerikanischen Geschäftsleben übliche Schnelligkeit führt dazu, dass Meetings im Allgemeinen kürzer, auf das Wesentliche konzentriert und stark ergebnisorientiert sind.

Meetings mit Briten

Der britische Ansatz bei Meetings ist weicher und langsamer als der amerikanische. Er ist zwar ebenso persönlich, aber auch durch britische Zurückhaltung *(reticence)* und Fairplay gekennzeichnet. Obwohl sowohl Amerikaner als auch Briten den Task-Management-Ansatz anwenden (siehe oben), nutzen Briten ihre Personalführungs- und Kommunikationsfertigkeiten eher, um den Dialogprozess zu erleichtern. Britische Meetings sind also weniger bloßen Fakten und Routinen unterworfen. Die Briten sind bekanntlich redegewandt und genießen es, sich zu unterhalten und Meetings mit Anekdoten auszufüllen. Abschweifungen gehören zur Tagesordnung. Am besten lehnen Sie sich zurück und genießen die Unterhaltung. Der eingeplante Zeitrahmen liegt meist irgendwo zwischen dem deutschen und dem amerikanischen.

Ihre Meinung

→ Wenn Sie während eines Meetings Ihre Meinung sagen oder nach jemandes Meinung fragen wollen, verwenden Sie dazu eine der folgenden Wendungen.

Meinung erfragen

Wie ist Ihre Meinung zu ...?
What's your opinion of ...?

Ich würde gerne Ihre Ansicht zu ... hören.
I'd like to hear your views on ...

Wie ist Ihre Meinung zu diesem Thema?
Where exactly do you stand on this issue?

Meinung sagen

Ich bin völlig überzeugt, dass ...
I'm absolutely convinced that ...

Meiner Meinung nach...
In my opinion ... /It's my opinion that ...

Was mich betrifft ...
As far as I'm concerned ...

Aus meiner Sicht ...
From my point of view ...

So weit ich das beurteilen kann ...
As far as I'm able to judge ...

Zustimmung

Ich stimme völlig zu.
I completely agree.

Ich bin ganz Ihrer Ansicht.
I agree entirely with your point of view.

Ich denke, wir stimmen hierin überein.
I think we are in agreement on that.

Im Großen und Ganzen stimme ich Ihnen zu, man könnte aber sagen, dass ...
I agree with you on the whole, but it could be said that ...

Meinungsverschiedenheit

Ich fürchte, ich bin ganz anderer Meinung.
I'm afraid I don't agree at all.

Ich kann nicht behaupten, dass ich Ihre Ansicht teile.
I can't say that I share your view.

Wir müssen uns eingestehen, dass wir anderer Meinung sind.
We'll have to agree to differ.

Darf ich offen sprechen...?

Einer der berühmtesten Sätze aus dem Film »Gone with the Wind« (»Vom Winde verweht«) stammt von Clark Gable alias Rhett Butler: »Frankly, Madam, I don't give a damn.« (»Offen gesagt ist mir das total gleichgültig.«) Das wäre in geschäftlicher Kommunikation natürlich viel zu hart und völlig fehl am Platze. Das Wort »frankly« weist den Zuhörer allerdings unmissverständlich darauf hin, dass jetzt etwas kommt, was er nicht gerne hören wird. Der Begriff wird sehr häufig benutzt, um im Geschäftsenglisch eine sehr starke Meinungsverschiedenheit auszudrücken, zum Beispiel: »Offen gesagt, da stimme ich nicht zu.« (»Frankly, I don't agree.«) oder »Um ganz offen zu sein, das ist unmöglich.« (»To be quite frank, that is not feasible.«)

»Bluntly« ist noch stärker: »Um ganz offen zu sein, ich bin anderer Meinung.« (»To put it bluntly, I disagree.«) Hier wird die fehlende Übereinstimmung sehr deutlich zum Ausdruck gebracht. Man kann Menschen auch as »blunt« bezeichnen, wenn sie die Angewohnheit haben, eher unangenehm direkt zu sein.

Weichmacher

Wenn Sie sich nicht ganz so hart ausdrücken wollen *(to talk smart not hard)*, sollten Sie abschwächende Wendungen, so genannte »Weichmacher« *(softeners)*, benutzen. Typische »Weichmacher« können beispielsweise Sätze sein wie:

- »Ich fürchte, das könnte schwierig werden.« (»I'm afraid that might be difficult.«),
- »Ich frage mich, ob das funktioniert.« (»I wonder whether that will work.«)
- oder, um »das ist unmöglich« eher britisch-weich auszudrücken: »Das könnte schwierig zu machen sein.« (»That might be slightly difficult to arrange.«)

In geschäftlicher Kommunikation wird meist der Begriff Dialog *(dialogue)* statt Diskussion *(discussion)* bevorzugt. Dementsprechend sollte auch der Kommunikationsstil nicht auf Konfrontationskurs ausgelegt sein. Die folgenden »Weichmacher« schwächen harte Fragen ab und vermeiden damit mögliche Konfliktsituationen. Wenn ein akutes Problem vorliegt, können Sie sich natürlich direkter ausdrücken.

Ich frage mich, was Sie konkret mit einer Reduzierung der Personalzahlen meinen?
I wonder what specifically you mean by reducing the headcount?
STATT
Was meinen Sie eigentlich mit Reduzierung der Personalzahlen?
What exactly do you mean by reducing the headcount?

Ich bin erstaunt über Ihre Aussage zu Outplacement.
I'm curious about your statement concerning outplacement.
STATT
Ihre Aussage zu Outplacement ist völlig daneben.
Your statement about outplacement is off the mark.

Könnten Sie das bitte noch einmal mit uns durchgehen?
Would you be willing to take us through that again?
STATT
Das ging viel zu schnell. Würden Sie das bitte wiederholen?
That was much too fast. Could you please repeat that?

Vorsichtig Zustimmung ausdrücken

Zu einem gewissen Grad stimme ich zu. Im Grunde sagen Sie also …
To a certain extent, I agree. Basically, what you're saying is …

In manchem haben Sie Recht. Generell sind wir der gleichen Meinung.
Up to a point you are right. On the whole, we are in agreement.

Unterbrechen

Darf ich Sie kurz unterbrechen?

May I interrupt you for a moment?

Wenn niemand etwas dagegen hat, würde ich gerne ein paar Worte sagen zu …

If no one objects, I'd like to say a few words about …

Darf ich hier eingreifen?

Could I come in at this point?

Unterbrechungen vermeiden

Vielleicht kann ich später auf diesen Punkt zurückkommen.

Perhaps I could return to that point later on …

Wenn ich bitte noch ausreden dürfte.

If I might just finish …

Mit Ihrer Erlaubnis würde ich ganz gerne meinen Vortrag beenden.

With your permission, I'd rather finish what I was saying.

4

Verständnis klären

Wenn ich Sie richtig verstanden habe, meinen Sie …?

If I've understood you correctly, you're saying that …?

Wenn Sie sagen, dass …, meinen Sie damit …?

When you say …, do you mean that …?

Ich fürchte, das Letzte habe ich nicht verstanden. Könnten Sie bitte noch einmal darauf zurückkommen?

I'm afraid I didn't get your last point. Could you go over it again please?

Neu formulieren

Entschuldigung, ich habe mich wohl nicht klar ausgedrückt. Lassen Sie es mich anders sagen …
Sorry. I'm probably not making myself clear. Let me put it another way …

Lassen Sie mich das anders ausdrücken.
Allow me to rephrase that.

Das ist nicht ganz das, was ich gemeint habe. Um etwas konkreter zu werden …
That isn't quite what I meant. To be more specific, …

In einem Meeting etwas klarstellen (Beispieldialog)

Ab und zu ist es notwendig, sich zu vergewissern, ob Sie das, was in einem Meeting gesagt wurde, wirklich richtig verstanden haben. Der folgende kurze Dialog zwischen dem Logistikleiter (A) und einem Teammitglied (B) zeigt Ihnen beispielhaft, wie das aussehen könnte.

A: John, can I have a word with you about our stock situation *(Lagersituation)*?

B: Yes, we are rather high at the moment but as you know we generally do most of our business in the winter season from November to January.

A: Great! So you are saying that we will need to take on additional staff *(zusätzliche Leute einstellen)* to help us deal with the upcoming workload *(zu erwartender Arbeitsanfall)*?

B: No, that is not what I am saying at all (davon habe ich überhaupt nicht gesprochen).

A: But if I understood you correctly, you said that we can anticipate *(erwarten)* even more work in the winter season.

B: Well, I suppose that is one way of looking at it. But I'm sure you know that we require this additional turnover *(Umsatz)* to carry us through the off-peak season in the summer months. We can't afford *(leisten)* to invest even more in payroll.

A: I appreciate that *(dessen bin ich mir bewusst)* but I'm not sure that you have quite understood what I mean. We really are working to full-capacity *(volle Auslastung)* at the moment. I can't see how the staff can deal with any further orders.

B: You know Sandy, I don't know how we got to be discussing staff issues *(Personalfragen)* here. That is a completely different issue *(ein ganz anderes Thema)*. What I wanted to point out *(hinweisen)* was that we can anticipate an increase in orders from November onwards which will generate sufficient cash to keep us afloat *(ausreichend Gewinn bringen, um uns über Wasser zu halten)*.

A: We really seem to be talking at cross-purposes here *(aneinander vorbeireden)*.

B: Yes, indeed we do.

The meaning of communication
is the response you get.
If you are not getting
the response you want,
change what you are doing.«

[Genie Z. Laborde | *amerikanische Beraterin für internationale Kommunikation*]

Verschiedene Kulturkreise an einem Tisch

»Japanese and American management practices are 95 percent the same, and differ in all important respects.« (»Japanische und amerikanische Managementgepflogenheiten stimmen zu 95 Prozent überein und unterscheiden sich in allen wichtigen Aspekten.«) Dieser Ausspruch des Honda-Mitbegründers Takeo Fujisawa verdeutlicht auf amüsante Weise, wie unterschiedlich die Arbeitsweisen verschiedener Kulturkreise sein können. Geschäftliche Kommunikation ist dabei natürlich sicher nur einer der Aspekte – allerdings ist er auch ein ziemlich entscheidender.

Besonders deutlich werden diese Unterschiede bei auf Englisch abgehaltenen Meetings, an denen sowohl Muttersprachler als auch Nicht-Muttersprachler teilnehmen. Denn auch wenn alle Englisch sprechen, hängt der verwendete Ausdruck natürlich vom Kommunikationsstil der am Konferenztisch versammelten Kulturen ab.

Asiatische Kulturen bedienen sich einer weniger direkten Sprache *(explicit language)* und eines indirekteren, personenorientierten, nicht auf Konfrontation ausgerichteten Konversationsstils. In den meisten europäischen Ländern (Finnland ist da die Ausnahme), den USA, Australien und Südafrika pflegt man eine direktere Form der Kommunikation, die eher lösungsorientiert als auf Harmonie innerhalb der Gruppe bedacht ist. Den asiatischen Kommunikationsstil bezeichnet man im Englischen als stark kontextbezogen *(high-context)*, während der mitteleuropäische, amerikanische und australische als wenig kontextbezogen *(low-context)* gilt.

Starke Unterschiede sind auch in der Art und Intensität des Zuhörens, dem bewussten Einsatz von Schweigen und anderen Formen der nonverbalen Kommunikation zu beobachten. Auch soziale Besonderheiten prägen den Stil einer Besprechung stark. So werden Sie beispiels-

Mix & Match

Es ist wichtig, ein Meeting im richtigen Ton zu beenden. Ordnen Sie bitte die folgenden Umschreibungen dem jeweils passenden Satz zu. Die Antworten finden Sie auf Seite 125.

1. Confirm that all points have been covered
2. Invite any closing comments
3. Summarize the main points that have been discussed
4. Ensure that everyone understands the outcome
5. Clarify accountability for further action
6. Schedule next meeting
7. End on a positive note
8. Close the meeting

a. Briefly, the main points that have been made are ...
b. Anne, you will compile *(erstellen)* a report for our London office.
c. Would anybody like to add anything?
d. I think we reached consensus on what we need to do next.
e. Well, thank you all for your contributions *(Beiträge)*. I believe we have made considerable progress *(beträchtliche Fortschritte)* today.
f. At this stage *(an dieser Stelle)* I guess we have dealt with all the main issues concerned?
g. So, should we agree to meet again sometime next week?
h. Let's call it a day.

weise bei Meetings mit asiatischen Geschäftspartnern feststellen, dass die Meinung des (ranghöchsten) Einzelnen Vorrang vor den Ansichten der Gruppe hat.

Generell dürfen Sie darauf vertrauen, dass die Zuhörer für gewöhnlich sehr verständnisvoll sind, wenn Nicht-Muttersprachler ab und zu den Faden verlieren. Gewiefte Verhandler sind mitunter sogar so clever, ihren Status als Nicht-Muttersprachler zu ihrem Vorteil zu nutzen. Der wichtigste Leitfaden für Meetings, an denen verschiedene Nationen teilnehmen, ist und bleibt: Ein harmonisches Verhältnis, nicht sprachliche Kompetenz, ist der Schlüssel zum Erfolg!

Die Entscheidungsfindung

Auch in punkto Entscheidungsfindungen in Meetings gibt es zwischen deutsch- und englischsprachigen Ländern starke Unterschiede. Dies gilt nicht nur dafür, inwieweit überhaupt in Meetings Entscheidungen getroffen werden, sondern auch für den Entscheidungsprozess *(decision-making process)* selbst.

Bei einem Meeting von Briten/Amerikanern und Deutschen stehen sich die Intuitiv-Methode, die auch Fehler einkalkuliert, und die Sicherheits-Methode gegenüber. Denn in Deutschland ist der beratende Ansatz mit anschließender gemeinsamer Entscheidungsfindung *(consensus decision-making approach)* weit verbreitet. Anders ausgedrückt kann man auch sagen: Viele Briten und Amerikaner folgen dem 80:20-Prinzip (Pareto-Prinzip; benannt nach dem italienischen Volkswissenschaftler Vilfredo Pareto), während den Deutschen der Ruf vorauseilt, das 100-Prozent-Prinzip zu verfolgen. Böse Zungen behaupten sogar, sie folgen dem 120-Prozent-Prinzip ... Dies kann für Amerikaner und Briten, die es gewohnt sind, schnelle, intuitive Entscheidungen einzeln zu treffen, ein wenig frustrierend sein. Versuchen Sie, dies bei einem gemeinsamen Meeting zu berücksichtigen.

Auflösungen zu den Übungen

Seite 19
1e, 2b, 3c, 4a, 5g, 6f, 7i, 8j, 9h, 10d

Seite 27
1c, 2e, 3h, 4a, 5k, 6i, 7d, 8f, 9g, 10j, 11b

Seite 39
1d, 2b, 3c, 4h, 5g, 6e, 7f, 8a, 9k, 10i, 11j

Seite 46
1f, 2j, 3e, 4g, 5h, 6c, 7d, 8i, 9a, 10b

Seite 59
1g, 2b, 3f, 4c, 5a, 6d, 7e

Seite 74
1a, 2b, 3b, 4a, 5b

Seite 87
1b, 2e, 3a, 4c, 5d

Seite 89
1a, 2b, 3b, 4b

Seite 92
1g, 2f, 3d, 4e, 5c, 6b, 7a

Seite 123
1f, 2c, 3a, 4d, 5b, 6g, 7e, 8h

Adressen, die weiterhelfen

TEC Institute
Teaching Effective Communication
Maximilianstr. 2 b
82319 Starnberg
Tel.: (08151) 95 94 96
sowie postalisch:
Großer Haingraben 9
65779 Kelkheim
Tel.: (06195) 97 80 90
www.tec-institute.de
Einzel- und Gruppen-Sprachtraining, Intensivseminare, Interkulturelles Training – alles rund um Business Englisch.

Internet-Adressen, die weiterhelfen

www.leo.org
Kostenloses Online-Wörterbuch.

http://owl.english.purdue.edu
Kostenlose Website mit Infos zu Zeichensetzung, Grammatik etc. inklusive Übungen.

www.abkuerzungen.de
Interessante Site mit deutschen und englischen Abkürzungen.

Bücher, die weiterhelfen

Birgit Abegg/Michael Benford: *Communication for Business (Kurspaket)*. Max Hueber Verlag
Zeitgemäße Handelskorrespondenz und Bürokommunikation (UK & US) mit direkten Übersetzungen ins Deutsche inklusive Übungsmaterial.

Business Spotlight. Spotlight Verlag
»Das Englischmagazin für Ihren beruflichen Erfolg!« erscheint vierteljährlich. Sehr informativ und immer auf dem neusten Stand.

Market Leader (Pre-Intermediate/Intermediate/Upper Intermediate). Longman
Gutes Business Englisch-Material (Bücher, CD Rom etc.) mit Fallbeispielen und Übungen.

Richard Lewis: *When Cultures Collide*. Nicholas Brealey Publishing
Informativer, aber sprachlich anspruchsvoller Führer für alle, die international arbeiten.

Telse Wokersien: *Business Englisch. Soforthilfe für Mail und Phone. Das Wichtigste auf einen Blick*. Gräfe und Unzer Verlag

Telse Wokersien: *Smalltalk auf Englisch. Einfach ins Gespräch kommen. Ohne große Vorkenntnisse*. Gräfe und Unzer Verlag

Telse Wokersien: *Englische Redensarten. So treffen Sie ins Schwarze. Wendungen für jeden Anlass*. Gräfe und Unzer Verlag

Register

Impressum

Programmleitung:
Steffen Haselbach
Leitende Redaktion:
Anita Zellner
Redaktion:
Nina Pohlmann
Lektorat:
Kai Gathemann
Titelillustration:
Gavin Reece/new division

Umschlag und Gestaltung:
independent Medien-Design
Herstellung:
Bettina Häfele
Satz:
Uhl + Massopust, Aalen
Repro:
Longo AG, Bozen
Druck und Bindung:
Druckhaus Kaufmann, Lahr

Umwelthinweis
Dieses Buch wurde auf chlorfrei gebleichtem Papier gedruckt. Um Rohstoffe zu sparen, haben wir auf Folienverpackung verzichtet.

ISBN
978-3-7742-7720-5

3. Auflage 2009

Wichtige Hinweise

Die Beiträge in diesem Buch sind sorgfältig recherchiert und entsprechen dem aktuellen Stand. Abweichungen, beispielsweise durch seit Drucklegung geänderte Preise, Gebühren, Anlageentwicklungen, WWW-Adressen, etc., sind nicht auszuschließen. Weder Autor noch Verlag können für eventuelle Nachteile oder Schäden, die aus den im Buch gegebenen praktischen Hinweisen resultieren, eine Haftung übernehmen.

GRÄFE UND UNZER

Ein Unternehmen der
GANSKE VERLAGSGRUPPE